普华经管学术文丛

图书馆转型研究

朱开忠　著

人 民 邮 电 出 版 社
北　京

图书在版编目（CIP）数据

图书馆转型研究 / 朱开忠著. —北京：人民邮电出版社，2011.4

（普华经管学术文丛）

ISBN 978-7-115-25045-2

I. ①图… II. ①朱… III. ①图书馆工作—研究 IV. ①G25

中国版本图书馆CIP数据核字（2011）第036963号

内容提要

本书以图书馆转型为视角，从历史学的角度，考察了图书馆事业从古代藏书楼到近代图书馆、再到现代图书馆的转型；系统地分析和阐述了现代图书馆转型期的业务工作、读者服务工作以及管理工作；对数字图书馆的概念、特征、内容、功能等进行了解析。书中既有理论的铺陈，也有实践经验的总结。

本书广泛适于各类图书馆的主管和工作人员、高校相关专业的师生，以及相关行业的培训、管理咨询人员阅读、使用。

普华经管学术文丛

图书馆转型研究

◆ 著　　朱开忠

责任编辑　王莹舟

执行编辑　王楠楠

◆ 人民邮电出版社出版发行　　北京市崇文区夕照寺街14号

邮编 100061　　电子函件 315@ptpress.com.cn

网址 http://www.ptpress.com.cn

北京铭成印刷有限公司印刷

◆ 开本：700×1000　1/16

印张：12.5　　2011年4月第1版

字数：160千字　　2011年4月北京第1次印刷

ISBN 978-7-115-25045-2

定　价：28.00元

读者服务热线：（010）67129879　印装质量热线：（010）67129223

反盗版热线：（010）67171154

前言

图书馆是社会发展的产物，社会的转型必然导致图书馆的转型，社会发展不断推动着图书馆的演变、转型和发展。

考察图书馆从产生到今天的发展历程，有助于我们把握其本质。对于图书馆的演变历程，不同的学者有着不同的断定。有的学者将其分为藏书楼和图书馆两大阶段；有的学者将其分为古代图书馆、近代图书馆和现代图书馆三个阶段；有的学者将其分为传统图书馆、现代图书馆和数字图书馆三个阶段；有的学者则将其分为传统图书馆时代、图书馆自动化时代和图书馆网络时代三个阶段。

我个人认为，从技术角度出发，图书馆演变历程可划分为五个阶段。

第一个阶段——原始图书馆时代

图书馆是伴随着人类文明的开始而出现的。人类社会最早的文献收藏活动中就有了图书馆的雏形，古埃及对纸草文献的收藏、古代中国对甲骨文献和简册文献的收藏便是明证。从社会形态上看，原始图书馆主要存在于奴隶社会，地点一般设在首都；收藏载体主要是甲骨、竹简、树皮等天然材料；工作内容以收藏为主，兼有初步的整理，如殷墟出土的甲骨文献就是按年代典藏的；服务对象主要是王宫贵族。相传老子曾任周朝“守藏室之史”，也就相当于现在的图书馆馆长。

第二个阶段——藏书楼时代

藏书楼主要存在于封建社会，它已由王室集中办馆转变为分散办馆。在中国，大致可分为官府藏书、书院藏书、寺观藏书、私家藏书四个体系。其技术支持主要是造纸技术和印刷术；其收藏重点主要是纸本图书；其工作内容，除了收藏外，还有分类、编目、版本、考订等内容；其服务对象各不相同，但都是少数人。例如，官府藏书服务于统治者、书院藏书服务于本书院的弟子、寺观藏书服务于僧道、私家藏书则服务于家族成员。

第三个阶段——开放式图书馆时代

第三代图书馆是伴随着资本主义制度的确立，在第二代图书馆的基础上演变而来的。从时间上看，17世纪中叶开始，欧洲一些国家图书馆纷纷从皇室、教堂里脱离出来而办成向社会开放的图书馆。中国自鸦片战争以后，学习西方科学文化的思潮日渐兴起，1902年，浙江绍兴徐树兰仿照西方公共图书馆模式，创办了古越藏书楼并对外开放。1904年，湖南省图书馆和湖北省图书馆先后成立，这是最早以“图书馆”命名的藏书机构。1912年，京师图书馆正式对外开放。1913年，安徽省立图书馆正式成立。自第三代图书馆起，图书馆已发展成为专门的社会事业，图书馆的类型更加多样化，如我国有国家图书馆、公共图书馆、高等学校图书馆、科学与专业图书馆、工会图书馆、军事图书馆、儿童图书馆等；电话、传真、摄影技术、录音技术、静电复印技术的应用增强了图书馆的服务能力；馆藏文献载体除了图书外，连续出版物（期刊、报纸等）和特种文献（专利文献、标准文献、会议文献、政府文献、产品文献、档案文献、学位论文、科技报告等）的比例越来越大，除纸本外，音像文献和缩微文献也开始受到关注；图书馆的工作内容涉及采访、分类、编目、流通、典藏、服务等各流程，其已逐步打破了在服务对象的社会地位、民族、宗教信仰、年龄、性别等方面的界限，而成为社会教育和文化普及的场所。

第四个阶段——自动化图书馆时代

以1946年电子计算机在图书馆的应用为主要标志。我国自动化图书馆起步于20世纪70年代。在自动化时代，图书馆已发展成为社会的文献资源中心，图书馆事业网的建设逐步完善，图书情报一体化的趋势已经形成，计算机技术、光盘技术成为支持图书馆的重要技术。图书馆的自动化集成系统及光盘检索的应用使图书馆的各个工作环节“活”了起来，联机编目、联机检索的方式开始得以推广使用；磁盘、光盘等电子文献的不断丰富大大改变了图书馆馆藏文献的载体；其工作内容已开始重视二次文献和三次文献的编制、书目数据库的建设，以及信息服务工作和用户培训工作的开展；其服务对象已开始逐步冲破部门的限制，图书馆服务社会化、效益化的意识已经萌发。

第五个阶段——复合型图书馆时代

从时间上看，复合型图书馆时代始于20世纪90年代。1991年，万维网

（World Wide Web）在欧洲粒子物理研究所问世后，迅速向社会大众普及。1994年，中国获准加入互联网。1995年，中国的普通百姓开始进入互联网。随着因特网投入商业运行，复合型图书馆应运而生。它既具有传统图书馆的元素，又具有数字图书馆的内容。在网络环境下，图书馆的全球化、一体化已现端倪，真正的共知、共建、共享的互联图书馆系统的形成已成必然。各种最新的信息技术形成了对图书馆的强大技术支持，计算机技术、高密度存储技术、数据库技术、网络技术、多媒体技术、数字技术、人工智能技术、纳米技术等将使图书馆从自动化走向网络化、数字化和虚拟化。图书馆的馆藏扩展为现实馆藏和虚拟馆藏两大部分。其工作内容将把信息资源的开发和利用作为重心；服务对象不但包括到馆读者，还包括有条件利用网络的用户，高速信息网延伸到哪里，图书馆用户就分布到哪里。

从以上的梳理我们可以看出，文字和文献是图书馆产生的前提，社会需求是图书馆产生的根本原因，社会生产力水平的提高是图书馆发展的动力。特别需要指出的是，信息技术的发展程度已成为判断图书馆发展阶段的重要参考。图书馆在信息技术的推动下由初级形态向高级形态、由功能简单向功能复杂不断发展，每一个相对持续、稳定的历史阶段都有其相应的支持技术、收藏重点、运作方式、服务对象和职能范围。特别是在现代社会，以计算机为主体的信息技术是图书馆发展最直接的动力。可以说，没有一系列的现代技术（计算机技术、高密度存储技术、通信技术、网络技术等），就没有今天图书馆的转型和变革。

20世纪90年代以来开始的图书馆转型，是指图书馆从传统图书馆向现代图书馆的转变。从形式上来说，是由传统的纸质文献载体形态的图书馆体系向以数字资源和其他资源共存互补的复合图书馆体系的转变；从内容上来说，是建立适应现代社会需要的信息资源的保障体系。图书馆转型以建立现代图书馆制度，推进图书馆制度创新，构建开放性、多层次、多规格、多样化、具有特色和活力的图书馆新体系为主要目的；以激发图书馆活力，调动广大图书馆员的积极性、主动性和创造性，追求人的需求、人的价值、人的发展为最终目标；并突出“以人为本”的图书馆发展理念。

研究图书馆转型、着力于图书馆的变革与创新，其意义在于：第一，可以明确现代图书馆的定位和职能，规范图书馆与政府、社会、读者的关系，有利于图书馆服务社会职能的发挥，完善其内部管理体制，提高管理效益以及为国民服务的质量和水平。第二，能够促进图书馆管理的民主化、科学化，满足人民群众日益增长的文化需求。第三，进一步解放图书馆的生产力，提高图书馆的文献资源使用效率，吸引社会大众走进图书馆，以提高国民的整体素质。第四，现代图书馆能适应经济转轨和社会转型过程中图书馆功能多样化的需要。现代图书馆是满足国民知识、文献信息需求的专业化组织，是国家科教兴国与教育制度化的产物，承担着保存和传播人类文化遗产与知识信息的任务。

自20世纪90年代开始，就有不少学者关注图书馆的新一轮变革，就图书馆转型问题进行探讨。1997年，第五届全国图书馆馆长联席会议上，徐文伯代表文化部作了题为“加速图书馆向现代化转型的进程”的发言。这一讲话标志着图书馆向现代化转型工作开始启动，理论研究也逐步展开。这其中比较有代表性的人物是黄俊贵先生。黄俊贵在与莫少强合著的《试论传统图书馆转型与图书馆体制改革》一文中指出，在新技术革命的冲击下，以借阅服务为主体的传统图书馆正逐步向以信息服务为主体的现代图书馆转变。图书馆只有顺应社会的发展，适应社会主义市场经济体制的要求，才能得以生存和发展。1998年，黄俊贵在《图书馆的转型与发展散论》中对上述观点进行了进一步的阐释。他认为，图书馆的转型就是从计划经济体制下的传统图书馆转向适应市场经济体制的现代图书馆。图书馆的转型和发展关键在于提高办馆效益，并实现可持续和协调发展。2002年，黄俊贵、林汉城在《公共图书馆转型与定位的探索》一文中，首次提出了近代以来中国图书馆事业的两次转型。他指出，第一次是在新文化运动的推动下，实现了封建藏书楼向对社会开放的公共图书馆的转型；第二次是20世纪70年代以来至今仍在发生的转型。由于这次转型的深刻性、复杂性和长期性，各级各类公共图书馆必须从国情出发，实事求是、准确定位，这样才能在新的社会环境下求得更快的发展。

黄宗忠先生对图书馆转型问题也一直给予关注。他在《论图书馆转型期及其任务——走向图书馆新时代》一文中认为，图书馆转型期就是图书馆变化和发展的过程，是传统图书馆与数字图书馆共存互补的过程，是从有机融合走向复合图书馆的过程。为了全面理解图书馆转型、把握图书馆转型的任务及其走向，黄宗忠从三个方面对图书馆转型作了较为详细的论述：一是图书馆转型期的概念、目标和指导思想；二是图书馆转型的成因、形式与特征；三是图书馆转型期的任务与措施。黄先生同时指出，在转型期，传统的图书馆体系仍然是主要的，数字图书馆只能处于补充地位。

张晓林先生另辟蹊径，从图书馆研究入手，在《应该转变图书馆研究的方向》一文中指出，图书馆并不是独立的社会现象，而是服务于一种更为本质、更为普遍的社会现象的一个社会系统中的一部分，是一种社会性的工具。这里的更本质、更普遍的社会现象就是人们的情报需要以及由此产生的情报交流活动。图书馆的研究应该从图书馆的组织、工作内容和工作方法中解放出来，去研究更本质的社会现象。他在《走向知识服务：寻找新世纪图书情报工作的生长点》一文中，试图对图书馆研究作一个新的定位。他指出，在现代信息环境和知识经济的双重冲击下，图书馆的变革不可能是一蹴而就的，也不是简单地从一种范式过渡到另一种范式，从总体来看，图书馆已经进入了一个不断变化的时代。这样的变化，最根本的还不是图书馆为完善自己的服务而不断采用新技术、新方法、新模式，而是图书馆所服务的人们利用信息的环境与方式在变化。因此，他认为，应该建立面向变化和可持续创新的发展管理机制，以应对不断变化的社会环境。2004年，吴慰慈先生在其主编的《图书馆学基础》一书中，为“图书馆转型”专门设置了一个章节。在这一章里，安徽大学的桑良至先生从图书馆转型的策略、目标、实施以及图书馆转型后的运作系统四个方面对图书馆转型问题进行了深入的探讨，这标志着图书馆转型作为图书馆学基础理论的研究已被学界所公认。

尽管如此，总体来看，学界对图书馆转型的研究还不够系统和全面。针对目前图书馆转型研究的现状，我们认为应该把图书馆转型作为图书馆学研究的重心之一，以图书馆转型为视角，对图书馆变革的内外环境和各种因素进行综合分析和研究，把信息资源的建设、信息用户和服务以及图书馆的管理等纳入到社会变革和图书馆现代化进程的轨道上来。立足现实、面向现代化的图书馆建设是图书馆转型的基本要求。作为信息时代图书馆变化的一种趋势和状态，图书馆学应该做进一步的研究，从变化的原因、变化的过程、变化的影响以及如何适应变革等多角度揭示图书馆转型的规律，并以此为依据，构建一套能够指导图书馆转型和现代化发展的理论体系。

目 录

第一章　从藏书楼到近代图书馆　/ 1

第一节　古代藏书楼向近代图书馆转型的原因　/ 1

第二节　近代图书馆的形成　/ 7

第三节　近代图书馆的特点　/ 13

第四节　近代图书馆制度的建立　/ 18

第五节　辛亥革命前后近代图书馆的发展　/ 21

第二章　现代图书馆转型　/ 31

第一节　现代图书馆转型的背景　/ 31

第二节　现代图书馆转型的目标　/ 36

第三节　现代图书馆转型的措施　/ 42

第四节　正确处理图书馆转型期的几种关系　/ 53

第三章　转型期图书馆业务工作　/ 59

第一节　图书馆业务工作体系和工作流程　/ 59

第二节　图书馆业务工作基本原则　/ 62

第三节　图书馆文献资源建设与整理工作　/ 65

第四节　图书馆业务工作自动化　/ 79

第五节　图书馆连续出版物工作　/ 85

第六节　图书馆古籍工作　/ 92

第四章　转型期读者服务工作　/ 103

第一节　流通服务工作　/ 103

第二节　参考咨询工作　/ 107

第三节　延伸服务工作　/ 115

第四节　社区图书馆　/ 120

第五章　转型期图书馆管理工作　/ 127
第一节　图书馆管理的对象、特点和内容　/ 127
第二节　图书馆管理的模式　/ 130
第三节　图书馆统计和业务档案管理　/ 135
第四节　图书馆评估工作　/ 144

第六章　数字图书馆　/ 161
第一节　数字图书馆的概念与功用　/ 161
第二节　数字图书馆的主要技术　/ 169
第三节　数字图书馆的发展概况　/ 171
第四节　数字图书馆环境下的知识产权保护问题　/ 173
第五节　数字图书馆对馆员素质的新要求　/ 176
第六节　对于古籍数字化的思考　/ 179

参考文献　/ 185

第一章

从藏书楼到近代图书馆

第一节 古代藏书楼向近代图书馆转型的原因

任何事物都有其产生、发展、繁荣和衰落的变化规律。经过几千年的风雨历程，到19世纪中叶前后，中国古代藏书楼似乎已完成了其历史使命，逐渐被一种新型事物——图书馆所代替。古代封建藏书楼的衰落以及近代图书馆的产生有其深刻的历史原因。

一、战争对封建藏书楼的直接冲击

战争历来是藏书事业的大敌，我国历史上因战火而毁损的书籍和藏书楼不计其数。导致古代藏书楼转型的战争主要有以下几个。

（一）太平天国农民起义对古代藏书楼的破坏

1840年后的半殖民地半封建社会，连年的战争，使社会生产力遭到破坏，文化事业受到摧残，珍贵典籍大量流失，这直接影响了当时封建藏书楼的发展。与此同时，中国最大规模的农民战争——太平天国农民起义，也以前所未有的姿态向封建宗法制度和封建文化发起了猛烈的冲击。太平天国农民革命动摇了江南地主阶级的藏书楼队伍，加速了封建藏书楼的衰落，同时也推动了我国近代先进思想和文化的传播。太平天国首领洪秀全作为一个封建社会的农民运动领导人，在反对封建政权的同时，用“拜上帝”来否定封建传统的儒家思想，否认孔子的神圣地位，在太平天国革命初期，就对儒家典籍采取了一概毁弃的政策。1853年，太平天国官书《诏书盖玺颁行论》宣布：凡一切孔孟诸子百家妖书邪说尽行焚除，皆不准买卖藏读，否则问罪。在整个战争过程中，大量文物典籍被有意无意地毁坏，如镇江的金山寺被焚，金山寺里的文宗阁所藏《四库全书》被付之一炬。另外，一些地主阶级士大夫的藏书也遭到焚烧，有些藏书也在辗转中流失了。在太平军一片焚书声中，有史可考的就有25家著名私人藏书楼毁于战火之中。正如《纪闻类编》卷四《焚书论》描述：余生不幸，虽未坑儒，业已焚书。所见者洪逆之乱，所至之地，倘遇书籍，不投之于溷厕，即置于水火。遂使东南藏书之家，荡然无存。太平天国建都天京（今南京）后，开科取士，并派曾钊扬、何震川、卢贤拔等做删改儒家经典的工作，陆续刊布了改定后的《四书》、《五经》，并在天京设立镌刻营和删书衙，出版图书。出版的图书中以《天朝田亩制度》影响最大。《天朝田亩制度》是政治经济和社会生活的革命纲领，具有彻底地反对封建制度的意义，其他还有《建天京于金陵论》、《贬妖穴为罪隶论》、《诏书盖玺颁行论》等出版物，起到了统一文化思想的作用，反映了太平天国内政的重大建设。

（二）帝国主义入侵对清朝藏书的毁坏

在中英鸦片战争期间，英国侵略军入侵宁波后，掠去天一阁藏书楼的《大明一统志》等珍贵舆地[1]类书籍数十种，并从这些图书中搜集中国地理及江河概况等方面的情报资料，为其日后闯入长江、入侵中原作准备。在第二次鸦片战争期间，英法联军于1860年9月下旬攻至北京城外，在北京进行了极其野蛮的抢劫行径。京城西北郊的圆明园中大量的古物古器惨遭破坏。园中的《四库全书》被焚、《永乐大典》惨遭洗劫。1900年，八国联军攻入北京，圆明园再遭浩劫，大量珍贵古籍文献或被焚烧，或被掠夺，或散佚于民间。

二、改良主义者对图书馆发展的倡导和推动

西方资本主义列强通过鸦片战争打开中国的门户后，对中国的侵略更加疯狂。清政府腐败无能，更使中国人民陷入痛苦的深渊。这时，以康有为、梁启超为代表的改良主义者，深感国家命运危在旦夕。于是，他们主张学习西方，大力提倡变法富强，强调“启迪民智”，进而振兴中华。随着西方自然

[1] 舆地：相当于现在的地图。

科学的介绍，以及社会科学的传入中国，图书馆作为文化教育的设施较早地为改良主义者所注意。他们主张设立公共藏书楼，改变封建藏书楼的经营作风。当时出现的学会、学堂、报社、译书局等，几乎都附设有藏书楼，从而促进了近代图书馆的兴起。

据文献记载，我国最早注意到西方图书馆的人，是清末近代化的先驱——林则徐、陈逢衡、姚莹、徐继畬等。他们四人从1841年到1848年陆续撰译出版了《英吉利纪略》、《康卫纪行》、《瀛环志略》等著作，其中都先后提到了英美各地的大图书馆、经典馆、藏书楼等，并列举了各馆的藏书数字。此后，一些接触西方资本主义文明较早的改良主义者，在介绍西方资本主义文化教育（包括图书馆）事业的同时，提出了改革我国文化教育的主张。例如，马建忠的《适可斋记言记行》、王韬的《韬园文录外编》、郑观应的《盛世危言》等，都反映了他们对图书馆的社会作用和学术职能的看法，也提出了中国政府应办公共藏书楼，以推动文化事业、启迪民智的建议。

具体来说，早期改良主义者关于图书馆的言论主要表现在以下3个方面。

（1）救国必先治学，治学必创设藏书楼。改良主义者遍游各国，接触外国资本主义文化较多，比较清楚文化教育的社会作用。因而，他们对西方文化教育者关于社会制度和学说的介绍颇有兴趣，认为图书馆应该公开藏书、提供借阅，以供文化教育者参考。

（2）总结封建藏书楼的得失，强调公共藏书楼的作用。藏书可以洗涤人心、启迪民智、复兴中华，但当时中国只有封建藏书楼，没有公共图书馆。改良主义者在比较藏书楼与图书馆的得失后，进一步指出了封建藏书楼的局限，鼓励人们把藏书公开，或集资共同建设图书馆。这种揭私藏之弊病、示公藏之利益的观点，在学术文化要求比较迫切的社会背景下，产生了切中时弊的效果。

（3）介绍西方图书馆事业，倡议兴建公共藏书楼。基于文化教育救国的思想，郑观应等人对西方图书馆事业和图书馆技术进行了热情的介绍。他们对西方各国京都图书馆及其藏书作了详细报道，借此对比说明中国的图书馆数量少、图书不能成为社会财富，从而激发人们学习西方、建设藏书楼、推动社会文化发展的热情。对于外国图书馆技术，他们则着重于介绍外国图书馆借阅制度简便、方便读者利用的措施。这些宣传，对于封建藏书楼封闭僵化、重藏轻用的做法给予了一定的冲击。

三、封建经济的解体导致封建藏书楼的衰落

鸦片战争后，不平等条约的签订为外国资本主义的入侵打开了大门，封建的自然经济遭到破坏。随着资本主义的入侵，一批为资本主义服务的买办阶级逐渐出现；沿海通商口岸的开放，使得一些殖民地性质的城市得以形成；由于战争频繁，农村中的地主阶级有些破产了，已无力维持藏书楼的局面，而逐步把藏书典当出卖。这些新的变化，使封建藏书楼的藏书逐渐转向城市，成为新的商品。封建地主官僚单独占有图书的情况因此有了改变。叶昌炽的《缘督庐日记》记述了他接触的部分藏书家变卖藏书的情况，其中有乡村地主，也有官僚大户，他指出这些收藏家不断出售历年所藏的主要原因是：① 家道中落者，以书抵债，或卖书以供挥霍；② 仕途失意，以书变卖充公或祈求盘缠；③ 藏书散出以转向工商业资本。

四、近代西方图书馆思想的输入

西方传教士来到中国后，不仅翻译介绍了各种科学文化知识，同时也为中国带来了与古代藏书楼不同的西方新式图书馆理念。早在鸦片战争前，英国传教士马礼逊父子合著的《外国史略》就介绍了葡萄牙、荷兰、法国等国家的藏书和图书馆情况。同一时期，美国北长老会传教士理哲所著的《地球史略》，更为详细地介绍了意大利、法国、德国的藏书和图书馆情况。美国传教士高理文的《美理哥国志略》、英国传教士戴德江的《地理志略》和英国传教士莫维廉的《地球全志》，分别对欧美各国的图书馆情况进行了较为详细的介绍。

随后，西方传教士在中国创办藏书楼和图书馆。鸦片战争以后，伴随着不平等条约的签订，外国资本主义对中国的文化侵略也随之而来。西方列强文化先锋——西方传教士们，想通过思想文化这个阵地来征服中国人根深蒂固的传统文化。他们在中国大办教会学校、医院和报馆。在出版发行书刊的同时，也开办教会图书馆，在中国的北京、上海、广州、汉口等城市教堂机构和教会大学中创建了一座座令中国藏书家们瞠目结舌的新式图书馆。其中，著名的有北堂图书馆、徐家汇天主教藏书楼、工部局公众图书馆、亚洲文会中国支会图书馆、格致书院藏书楼、圣约翰大学图书馆、武昌文华公书林等。

西方人在北京、上海和武昌等地设立的图书馆，尽管规模有限，但它们从图书的收集、组织到图书馆的管理与利用等方面，都采用了西方先进的理论、技术和方法，为中国近代图书馆的产生树立了范式和榜样，在很大程度上促进了中国藏书楼传统思想及服务理念的变革与创新。

五、藏书家藏书理念的逐步改变

历经多年的积累，到近代，我国社会逐步出现了藏书宏富的几个大藏书家。当时比较著名的藏书楼中，浙江陆心源的“皕宋楼”、丁丙的“八千卷楼”、山东杨氏父子的“海源阁”、江苏瞿镛的“铁琴铜剑楼”，被称为清末的四大藏书楼。陆心源，字刚甫，号存斋，浙江归安人。陆氏对古书情有独钟，并喜欢收藏，见到喜欢的、特别珍贵的古籍，一定会倾其所有来购买。他一生共建藏书处3所，总藏书量达15万卷，其中有影响的为“皕宋楼”和“十万卷楼”。“皕宋楼”意思是指该藏书楼收藏有两百部宋元时期的珍贵古籍。而“十万卷楼”收藏明代以后的秘刻、名人手稿、手抄本以及近代人著述。陆心源本人著书940余卷，名曰《潜园总集》。丁丙，字嘉鱼，号松生，浙江钱塘人。他的父亲和哥哥（丁申）都喜欢古书。丁申、丁丙兄弟二人，在清同治年间曾有“双丁”之称。他们兴建的“八千卷楼”的藏书中，共有宋元刻本140余种，明刻精本、旧抄善本及著述稿本、校雠本约2 000余种，另外还有文澜阁著录之书3 500余部。丁氏“八千卷楼”藏书特色明显，主要有四个方面：其一是多为《四库全书》的底本；其二是多为日本等国的刊本；其三是多为名儒宿学所校；其四则为近代校勘家、收藏家所藏之书。“八千卷楼”的藏书，以后全部归属江南图书馆，即今天的南京图书馆。

清光绪年间杨以增的“海源阁”藏书也很有影响。杨以增，山东聊城人，任江南河道总督时，收藏了汪士钟艺芸书舍的书。汪氏所藏的书主要是从黄丕烈“百宋一廛”那里得来的，同时又收购了明清时期毛晋、钱曾及乾隆嘉庆时期部分藏书家的精华。因此，杨以增的藏书实际上涵盖了南方藏书家的精华，改变了当时私家藏书以江浙为中心的局面。杨以增之子杨绍和在京做官时，又收集了清皇族怡府藏书，成为近代藏书史上的“北杨”。“海源阁”所收藏的大部分宋、元珍本，于1927年经杨敬夫移藏天津。1929年、1930年聊城经历了两次兵火，“海源阁”藏书损失很大，所藏明、清版本后来移到济南杨氏新居。1931年，杨家曾经把宋、元珍本若干种抵押给天津某私人银行，后又辗转到北京图书馆。“海源阁”后人杨凤阿把藏书归入祖祠，供族人共同使用。

同一时代的南方，有江苏常熟的瞿氏藏书，即所谓的“南瞿”。瞿绍基，早年酷爱藏书，积累数万卷，室名“恬裕斋”。瞿绍基的儿子瞿镛，更热衷于搜集古本旧藏，并幸运地得到了张海鹏爱日精庐、陈揆稽瑞楼及苏州等地藏书家流散到社会上的书。瞿镛的儿子秉渊、秉清，同样喜欢藏书。当时江浙一带经太平天国农民战争后，藏书大量散出，瞿秉渊兄弟除妥善保藏家中图书外，还广泛访求各地秘本图籍，使藏书数量和质量都得以大大提高。1874年，“恬裕斋”改称“敦裕堂”，而后又改名“铁琴铜剑楼”。1898年，瞿氏后人瞿启甲将藏书楼发展至仅宋元珍本就达200多种。此外，瞿启甲还编印了《铁琴铜剑楼书影》，辑印部分珍藏本书，以供文化发展和学术研究的需要。铁琴铜剑楼传至瞿启甲时，藏书欢迎阅读。凡到该楼的读者，不论济览、校勘、转抄、参观，主人都表示欢迎。

与此同时，在近代社会的逐步变革中，一部分读书人迫切要求了解国内政治、经济时局和世界发展状况等，但由于经费问题而不能大量购置图书，要求公开私藏书的呼声越来越高。一部分藏书家因战祸连年、生活无定、收藏困难，而把藏书寄放到公众场所，以图永久保存。于是，在19世纪后半叶，珍藏秘籍公开和半公开的现象越来越明显。除上面提到的大藏书家之外，最典型的是光绪年间吉林的国英在北京创办的“共读楼”。国英利用做官得来的余财，购置藏书两万余卷，公开借阅。其读楼设检事一人，管理并代查书籍；制定专门的规章制度，定为每年三月至十二月，每月逢三、八开楼。会试期间，天天开放。借阅方法为先领取图书条，凭条借收，就室阅览，每次只能查阅一二种。这些制度和方法已具有明显的近代公共图书馆面向社会开放的典型特征。

总之，藏书高度集中于数家，聚散迭兴，部分流失国外，部分转入以后的公立图书馆。这些现象都表明，在封建藏书楼逐步衰落的过程中，正孕育着向社会公开的趋势，这种趋势为近代图书馆的出现创造了时代背景。

第二节　近代图书馆的形成

一、相关法规条例的颁布

19世纪40年代到20世纪40年代，晚清和国民政府关于图书馆的一系列法规条例的颁布，为中国近代图书馆的形成与发展提供了法律保障。维新派人士梁启超和清朝皖省的何熙年、浙江的张亨嘉、杭州的徐树兰等开明绅士创办了近代藏书楼公开藏书的实践活动，在社会上引起了强烈的共鸣。其他一些省份的官员也很快意识到，创办公开的近代图书馆是造福民众的好事。他们纷纷奏请朝廷，批准他们筹建公共图书馆的要求。自1904年我国第一个省级公共图书馆——湖北省图书馆创立之后，我国公共图书馆的发展形势十分喜人。据《中国近现代图书馆事业大事记》记载，1901—1911年间，正在和已经开办的各类图书馆有40多所，包括公共图书馆的国家图书馆1所、省级图书馆17所、市县级图书馆4所。为了让中国近代图书馆这一新生机构有规可依、有序发展，清政府学部于宣统二年（1910年）奏拟定京师及各省图书馆通行章程折。该奏折指出：京师图书馆业经臣部奏明开办，各省图书馆亦须依限于宣统二年（1910年）一律设立。臣等伏查图书馆之设，所以保存国粹，造就通才。创办伊始，头绪纷繁，非有整齐划一之规，末由植韧基而裨文治。臣等悉心斟酌，拟订章程二十条。该章程对图书馆宗旨、建制、设置、名称、管理规范、藏书结构、服务内容和方式、经费来源等作了全面而明确的规定，是我国政府颁布的第一个关于图书馆的法规。从此，我国近代图书馆的建设和发展有了法律的指导与保障。

1925年国民政府成立后，确定由当时的教育部门主管全国的图书馆事业，颁布了图书馆的法规。当时的教育部门于1915年先后颁布了《图书馆规程》和《通俗图书馆规程》。《图书馆规程》规定：各省、各特别区域应设立图书馆，储集各种图书供公众阅读。《通俗图书馆规程》规定：各省治、县治应设通俗图书馆，储集各种通俗图书，供公众阅览。在两个《规程》的指导下，公共图书馆、通俗图书馆、巡回文库有了长足的发展。据当时相关资料统计，1930年，全国有图书馆1 468所，1931年有1 620所。1935年，数量达2 935所。据教育部第二次《中国教育年鉴》（1948年）统计，1936年全国共有图书馆5 196所。这一时期，公共图书馆的发展尤为迅速，1925年全国公共图书馆仅

294所，到1936年已达1 502所。至此，我国近代图书馆的基础性工作已基本完善，同时逐步由省会转向县乡，形成了一个多层次、多类型的中国近代图书馆体系。

二、维新派图书馆实践活动

甲午中日战争之后，世界资本主义列强进一步加紧侵略中国，使中国处于被瓜分的严重危机中。为了挽救危亡，进而谋求中国的富强，以康有为、梁启超为首的改良派，发动了维新变法运动。他们宣传变法，倡导维新，广建学会、学堂书楼，向知识界和群众进行宣传教育和组织工作。这些活动对我国近代图书馆运动也起到了一定的促进和推动作用。

1895年，康有为、梁启超等创立了“强学会”。“强学会”最初着手办的两件事就是办报纸和图书馆。强学会设有“书藏”，陈列图书，供大众阅览。“书藏”的主要任务就是启迪民智，其开放对象不仅限于帝王、官吏，还包括一般民众。梁启超在《戊戌政变记》一书中也把“开办图书馆”称作强学会所做的五件大事之一。可见，强学会所设立的“书藏”已具有中国近代图书馆的雏形。

“强学会”自北京集会到被查封虽仅四个月，但影响颇大。二三年间，全国各地一些维新派组织的学会如雨后春笋般出现。据统计，在1896—1898年间，全国成立学会87所、学堂131所、报馆91所。南方各省的南学会、苏学会、湘学会、粤学会等，都有藏书较多、管理制度较为完善的学会书楼。学会书楼的目的在于“广考镜而备研求”，宣传维新，推行改革。其藏书以新学和西学为主，有允许公众阅览和只供会员阅览不对外开放两种方式。其管理一般做到便于查考、便于利用。例如，苏学会简明章程专列“看书七条”，分别就图书采访、分类、编目、流通借阅及赔偿制度作了详细的规定。这些规定已显然超越了封建藏书楼的封闭制度，吸取了西方近代图书馆的管理技术，在我国图书馆的发展史上具有重要的地位。

近代学会创办的书楼，其性质已具备供读者共同使用的近代图书馆的特点。从读者对象来看，为一般的知识分子和部分市民；从藏书内容来看，不光是原来的经、史、子、集的内容，还补充了西学和新学书籍。从管理制度来看，也逐渐脱离了私人藏书楼的束缚，而采取了更为科学和有秩序的管理方法。因此，它们已可视为近代图书馆的先身。

三、第一座公共图书馆——古越藏书楼

强学会以及各地学会提倡新学、开设书楼的举动让一些私人藏书家深受触动。他们将置于秘阁中的藏书予以整理，面向社会对各阶层开放，其中最典型的就是徐树兰创办的古越藏书搂。

1894年爆发的中日甲午战争中，中国惨遭失败，极大地刺激了中国人民的感情。以康有为、梁启超为首的资产阶级改良派，大力宣传变法维新，极力主张向西方学习。他们认为：今日振兴之策，首在育人才、设学堂、定学会、建藏书楼。维新派把建立新式藏书楼提高到救国救民的高度上来加以论述，具有图书馆思想启蒙作用。1896年，《时务报》第一期刊载了孙家鼐《官书局开设缘由》一文，提出“泰西教育人才之道计有三事，曰学校、曰新闻馆、曰图书馆”。同年，刑部左侍郎李瑞芬又上《请推广学校》折，奏请变法，要求设立大藏书楼。他们把图书馆建设和培育人才、普及社会教育联系在了一起。维新变法后，创建新式藏书楼的观念已深入人心。在浙江绍兴创办古越藏书楼的过程中，不仅有开明官吏，还有先进的士绅，其中比较典型的是徐树兰。

徐树兰（1837—1902），浙江山阴人，光绪二年举人，授兵部郎中，改任知府，后来因母亲有病回到家乡，在乡里以地方绅士面目出现。他热心地方公益事业，曾组织修筑海堤，建造西湖闸，创设义仓、救疫局，因此而获得社会重望。

光绪二十八年（1902年），徐树兰在《为呈明捐建绍郡古越藏书楼恳请奏咨立案事》的奏折中，引用了李瑞芬的话来阐明创办藏书楼的原由：国势之强弱，系人才之盛衰；人才之盛衰，视学识之博陋。好学之士，半屑寒酸，购书既苦于无资，入学又格于定律。趋向虽殷，讲求无策，坐自孤陋寡闻，无所成就者不知凡几。为了解决这一矛盾，他介绍说：日本自明治维新以来，以旧幕府之红叶山文库、昌平学文库初移为浅草文库，称图书馆，任众观览。一时文学蒸蒸日上，国势日强，良有以也。徐树兰进一步分析说：泰西各国讲求教育，辄以藏书楼与学堂相辅而行。都会之地，学校既多，又必建楼观书，资人观览。如伦敦博物院之书楼，藏书之事甲于环球，一切有用之图书报章，亦均分门收藏，阅书者通年1万余人。通过环顾考察海外图书馆的发展趋势，实践藏书楼与学堂相辅而行的需要，徐树兰准备以个人资财筹建图书

馆。他参酌东西规制，拟议章程，谋划开放，于光绪二十六年（1900年）提议筹建古越藏书楼。在城西鲤鱼桥古贡院这个地方，他向绍兴府购得土地一亩六分，前后共四进，前三进均为楼房，用为藏书的地方。其中，第二进中厅为育芬堂，辟为阅览室，可容纳六十人；最后一进平屋作为工作用房。对于古越藏书楼开办的费用，张謇在《古越藏书楼记》（绍兴县志资料第二辑）中有明确记载：房屋之建筑八千六百两，图书之购备二万三千五百六十余两，桌椅器物之设置八百余两，总共用银三万二千九百六十余两。

古越藏书楼于1902年建成。这是浙江，也是中国第一座具有公共图书馆性质的藏书楼，具有划时代意义。

《古越藏书楼章程》明确规定其创设的宗旨有两个：一曰存古，一曰开新。徐氏认为，不谈古籍，无从考政治学术之沿革；不得今籍，无以启借鉴变通之途径。要在“存古”的基础上，实行“开新”的主张。在这个宗旨的指导下，古越藏书楼把藏书按“学部”和“政部”分类，包括经、史、子、集之书，声、光、电、化学之书和各种图画、学报、日报。全楼藏书共七万余卷，同时收藏有科学仪器、标本等。

古越藏书楼借书方法有读者登记借还书和阅览厅阅览两种。藏书楼为管理图书财产，设有书目册、器具册等。1904年印行的《古越藏书楼书目》，无论在分类、编目或书目体系、类目名称上都有创新，适应了该楼新旧书籍的分类。它突破了四部分类法，对后来的分类起到了一定的推动作用。在编目方法上，该书目著录详明，有分析、互著、参见等，对馆藏进行了充分的揭示。

古越藏书楼建成后，1916年、1926年分别由徐尔谷、徐世南主持续办，1932年在其基础上直接改组成立了绍兴县立图书馆，图书馆开支所需费用全部列入了当地政府预算。

古越藏书楼在中国图书馆史上具有重要的地位和作用，综合起来，主要有以下3点。第一，古越藏书楼的创立，推动了我国近代藏书楼向公共图书馆的转型。它的建立以及广泛的宣传，让社会各界人士逐步认识和了解到了图书馆的作用，进而促进了图书馆事业的发展。第二，新学书籍的收藏，促使原有藏书楼典籍管理方法和管理制度得以改革。因此，古越藏书楼被看做是我国学习西方图书馆技术和管理制度的开端。第三，为适应新学书籍的宣传和利用，徐树兰及管理人员突破四库分类法，创造了新的分类方法和编目条例，开拓了分类法的新途径，在寻求、揭示最新学科内容和图书编目方法方面作出了贡献。因此，古越藏书楼的建立，表明我国藏书进入了一个新的阶段，标志着我国封建藏书楼演变成为近代图书馆。

除古越藏书楼之外，安徽、浙江等地也办起了公共藏书楼。安徽藏书楼的宗旨为“约集同志，创办书楼；多储经史，以培根本；广置图籍，以拓心胸；旁及各报，以广见闻”（何熙年《皖省绅士开办藏书楼上王中丞公呈》）。藏书“概求实用，除理学为儒学正宗，词章亦文人要技。此项书籍，自应备办外，其余琐碎之考据，猥鄙之词曲，古董之书画，一概不羼入”（《皖省藏书楼开办大略章程十二条》，录自《汇报》第276号》）。读者对象除本省同仁之外，凡“有志学问之士，无论何省籍贯，均许来楼阅抄，以化畛域”（来源同上）。浙江藏书楼是在杭州藏书楼的基础上改建的。1902年，浙江学政张亨嘉开始筹设书楼。1903年，藏书楼新楼址设于城中丰乐桥大方伯里，将旧藏移储新址，同时添购大批新书，正式对外开放。1909年春，增韫奏请浙江藏书楼与浙江官书局合并，改为浙江图书馆，于当年7月开放。

四、外国教会设立的藏书楼和图书馆

19世纪中期新教传教士来华后，除了传教和从事著作翻译外，还在上海建立和发展教会图书馆。当时比较著名的藏书楼和图书馆有以下几个。

（一）徐家汇天主教藏书楼

该藏书楼创办于1847年，初期专供耶稣会会士研究参考。后来，教徒或由教会人士介绍，经藏书楼主管同意后，也可进入藏书楼内阅览，但这类读者为数极少。徐家汇藏书楼隶属于徐家汇天主堂耶稣会总院，是众多教会图书馆中规模较大的一所。其主管人员每年由耶稣会直接调配。

徐家汇藏书楼藏书丰富。出于政治和宗教宣传的需要，藏书楼藏书计1 615部，19 489册，42 266卷，名列全国前几位。徐家汇藏书楼藏书内容包括我国各省市县地方志、早期报刊，以及天主教和基督教的书籍，其中很多是手抄本。此外，还收集有明清两代及太平天国钱币。这些藏书现收藏于上海图书馆。

（二）工部局公众图书馆

这是一所外国人办的图书馆，成立于1849年，1851年改名为上海图书馆。其经费来源主要是公共租界内中国人的税款，还有外国人的税款以及借书会

员缴纳的费用。图书馆藏书不多，到1933年，不足24 000册。其中，中文图书仅占16%，因此在当时有洋文书院、洋文图书馆之称。

（三）亚洲文会北中国支会图书馆

该图书馆为英国牧师伟烈亚力于1871年创建。藏书大多是有关东方的历史及宗教、语言、科学、艺术等中西文图书，是“东方之书籍的集合”，其中包括各个年代的报刊和报告书。例如，1833—1851年出版的《中国汇报》，1835—1839年出版的《广东记录》等。1860年北京条约签订后，伟烈亚力曾代表英国圣书公会走遍中国当时18个省中的17个省，专门研究中国问题，并于1857年创办亚洲文会，作为研究东半球文化的学术机关。这一工作受到英国政府赏识，专门赠送土地供他建造会所。作为这个研究机构的附属图书馆，亚洲文会北中国支会图书馆成为当时中国境内最好的东方学图书馆。这所图书馆曾于1894年出版藏书目录，到1921年出到第五版。从第四版开始，使用杜威十进分类法对所藏文献进行分类。

（四）格致书院藏书楼

该藏书楼于1901年成立，为格致书院的附设机构。创建人傅兰雅19世纪70年代已在中国从事翻译工作，他和华蘅芳、徐寿及其他人合译的科学著作多达130余种。格致书院藏书楼入藏的图书，有1/3是东西学的译著，其余2/3是中国古籍。1907年，曾编印出版《上海格致书院藏书目》6卷。该藏书楼后来毁于火灾，1932年上海市立图书馆成立时，接收其残本4 340册。

（五）约翰大学图书馆

该图书馆原为1894年创办的约翰中学藏书室。成立之初的馆藏是几十部中文书及一些英文宗教书。1900年冬，武昌文华大学图书馆员韦棣华女士，为该校藏书室整理图书，建立起编目制度。到1903年春，已有中西文书籍3 000余册。1904年秋，藏书室迁至新落成的思颜堂，名为罗氏藏书室，由黄秉修负责管理。图书来源中大部分为江南制造局和商务印书馆赠送，另有颜惠卿赠送的最新《英国百科全书》一部。1909—1914年，戴志骞任馆长，藏书达4 900余册。1911年秋，藏书室迁至新购的兆丰园内。1914年夏，由徐燮元任馆长。1915年新馆落成，实行开架阅览、以架分区，每区放置桌椅，以便读者检索和阅览。到1919年，该馆所藏文献近2万册，其中，英文书11 300余册，中文书6 000余册。约翰大学图书馆将业务工作分为6个部分：购置、编目、出纳、参考、装订和典藏，由馆长及副馆长6人分别负责。

第三节　近代图书馆的特点

20世纪20年代前后，全国各地掀起了图书馆建设热潮。据李泽彰介绍，图书馆运动大概产生于1925年，其主旨一为保存文化，一为建设文化。在这个运动中，中华教育改进社图书馆教育委员会曾提议，将美国退还庚款的1/3用于建设图书馆，分布于中国各要地，为各区域的图书馆建设树立了模范。同时，美国人鲍士伟代表美国图书馆协会来华考察图书馆状况，提倡广设通俗图书馆。1926年，中华教育文化基金董事会致中华图书馆协会函中，专门提到文化事业要从图书馆入手。到了1928年，全国教育会议大会通过，请大学院通令全国各学校均需设置图书馆，并于每年全校经常费用中提出5%以上用做购书费。于是，图书馆运动在全国蓬勃开展起来。新图书馆运动展开后，近代图书馆事业迅速发展。

迅速兴起的近代图书馆具有以下明显的特点。

一、脱胎于古代藏书楼

近代图书馆的建立与发展，与中国传统藏书的深厚积累密切相关。晚清近代意义上的图书馆，就是在传统官府、书院、寺院和私家藏书楼的基础上，兼容并蓄、博采广收，并按照近代西方图书馆理念及相关制度，通过对传统旧式藏书楼进行改造而创设的。例如，山东省立图书馆，其藏书来源多为私人与公家捐助，以及学校停闭后的移藏。所有旧藩库藏书、山东官书局存书、尚志堂存书、高等学堂存书、中德合办书局存书等，均移归该图书馆。又如，创建于1909年的广西省立桂林图书馆，其藏书来源除了接收广西官书局、桂恒书局、石梁书局、广西优级师范、广西体用学堂、榕湖经舍、秀峰书院的移赠外，主要是从地方人士和各书坊征集而来的。1915年，广西大学堂预科、农业大学和省女子师范学校藏书也归该馆收藏。

二、具有近代社会民主开放的特点

与古代藏书楼相比，从西方引进的近代图书馆有着自己鲜明的近代社会的特点。一是开放性。近代图书馆的最大职责不仅仅在于保管好所藏之书，更重要的是将其所藏图书推向社会，面向读者开放。二是社会性。古代图书馆所注重的首先为书籍，其次为来馆阅览的读者。而近代图书馆具有社会化的性质，即其注重的对象已由书籍变为其所服务的读者，逐渐成为社会的中心，图书馆读者范围和对象也逐渐广泛。一开始仅是一些学者和教士，接着有一些教师与学生，后来又扩大到儿童，以至于工人、商人等各阶层人士都成为图书馆的读者，成为图书馆所服务的对象。而且，地方公共团体的集会和社会活动也多半在图书馆举行。三是平民性。近代图书馆可分为公共图书馆、学校图书馆和专门图书馆三类，其中以公共图书馆为近代图书馆的主流。近代图书馆不再是官府、书院和私家的私有财产，而是全社会的公共文化财富，是面向全社会开放的社会文化教育机构。近代图书馆所关注的是图书利用的平民化，主张社会各阶层民众不分年龄、性别、阶级和地位，均享有平等使用图书馆的权利。近代图书馆，是为多数人而非少数人开设的。因此，近代图书馆具有公共、公开与共享的特性。图书馆学家刘国钧认为：以书籍为公有而公用之，此近代图书馆学之精神，亦近代图书馆之所以异于昔日之藏书楼者也。他将近代图书馆的特征概括为8项：公立；自由阅览；自由出入书库；儿童阅览部之特设；与学校协作；支部与巡回图书馆之设立；科学的管理；推广之运动。

国立北平图书馆馆长袁同礼在分析清代私家藏书聚散状况后总结道：丧乱之余，古书多毁于火，书价大昂，遂开藏书秘密之风。风气所播，影响于古书流通甚巨。然私家藏书，愈秘不示人，愈不能永其传。……全国缺乏公共收藏机关，实学术不发达之主要原因。正因如此，在晚清“西学东渐”大潮的推动下，中国开始引入西方近代图书馆制度，以促使古代藏书楼制度的转型：形态上，从古代藏书楼向公共图书馆转变；特性上，从私有、封闭、专享向公共、公开、共享的转变。相对于传统藏书楼而言，近代图书馆从其在中国诞生之日起，就具有公共、公开、共享的近代特性。沈祖荣认为：至清朝末叶，鉴于欧美图书事业，有促进教育文化普及之力，有启发人群智能之功，有潜移默化国家民族至优秀地步之作用，并收致富致强之实效，故人群维护其发展，若维护其自身生命然。于是我国人借鉴攻错，乃于教育革新之际，设法开放图书，从而各都市省会之现代图书馆，先后应运而生矣。

三、注重图书馆学专业理论研究

1917年，沈祖荣、胡庆生合编的《仿杜威书目十类法》成为我国近代第一部为中文图书而编制的新型分类法。此后相继出现了“仿杜”、“补杜”、“改杜”等几十种类似的分类法。1931年，刘国钧先生根据英美编目理论，结合我国目录学的传统，拟出了《中文图书编目条例草案》，目录卡片开始应用。分类和编目条例的编制是近代图书馆在理论结合实际中取得的最大成果。同时，杨昭哲结合东西方图书馆学思想，撰写了《图书馆学》一书，在当时的图书馆界也产生了较大的影响。

在图书馆学教育方面，1920年3月，武昌文华大学以图书馆为专门之学，设科讲习，创办了中国历史上第一个图书馆学专业——武昌文华大学图书科。同时，各种假期讲座、短期讲学也大量出现。在学术研究上，从1919年至1927年，图书馆学论文多达582篇，1927年至1936年更达到4 065篇。

四、促进了当时的学术研究

近代图书馆的宗旨，是对文献资料的“藏用并重”。围绕着图书馆藏书的“用”，逐渐形成了从采集、分类、编目、典藏到阅览、宣传、外借流通、参考咨询、信息服务等一整套的管理体制。沈祖荣认为：近来的图书馆不应是藏书楼，或仅为少数书痴、权贵所独办的，而应是春风化雨，为社会所公享的。开架阅借，爱护公物，遵章守纪，是体现其基本原则的具体措施。另外，还要为学术研究、文化保护、事业发展谋长久之计。近代图书馆在经营管理上的最低标准，是要有最低限度的工作人员、设备、经费、书报等。人员不可滥竽充数；设备起码要保证人和物的安全，要能防雨、防潮、防火、防盗；经费在最低限额上，只可增加，不可削减；报纸杂志常用者，也不可中途停购。

在当时看来，近代图书馆的公藏共享，较之私人收藏具有更大的优越性，对学术研究的促进作用也格外突出。有人对两者进行比较后概述道：第一，私人藏书，以经济而言，不如图书馆能有坚固之房屋；以人才而言，不如图书馆能得专门图书馆学之人选；以保藏而言，不如图书馆经营方法之完密。且常年累月，需有经费支持，不致中途停辍，沦于散佚。藏之于己，未若藏之于公。第二，图书馆所藏图书，人人可以借阅，检查捷便、布置适宜，偶欲读书，随时可往。虽属公共机关，不啻家庭书库。储之于公，无异于私人自藏。第三，私家财力有限，不如图书馆之收藏完备，即不能人人皆有图书馆，即不如公用一图书馆之省财省力。第四，捐赠图书，为一种公共文化之义举。既于图书馆方面，得有相当之报酬；又于社会方面，得有相当之敬仰。荣誉所归，人争趋之。

同时，为学者提供必要的学术研究文献资料，是近代图书馆的重要使命。对于图书馆的该项使命，时人有着较为明确的认识。沈祖荣认为，图书馆是一种致力于文献收集、保存与应用的机关。在他看来，完备的图书馆理应建立按一定系统排列的图书室。从日常浏览的报章杂志，到精心撰写的论著，到包罗万象的百科全书，都应收藏。他认为，图书馆已经不是“静的”仅止发书的处所，而是“动的”推广教育的机关。一个完备的图书馆，绝不是仅仅打开大门让人进去阅读即算了事，它的内容必然是一个有机的组织来履行教育读者的使命。我们从事图书馆事业的人，理应看准这一点，并分析来馆阅读的民众，究竟有怎样的程度、做什么职业、有什么习性，然后分门别类地把他们组织起来、教育起来，使之来活用你的图书馆，引导他们以图书馆为做学问、求知识、寻娱乐的中心。……为了完成教育读者的使命，若经济条件许可，以研究科学技术为主的专门图书馆，可向纵深发展，取得经验，以便推广。因此，沈祖荣将近代图书馆视为一种重要的学术教育机构，是研究学术、沟通文化、辅佐教育的机关。正因图书馆肩负着推进现代学术文化的重大使命，因此在沈氏看来，20世纪20年代创建的众多公共图书馆尚未完全尽到服务学术的功能，需要不断完善。

五、改良主义者的推动功不可没

清末改良主义者对我国近代图书馆事业的发生与发展有着十分重要的作用，在我国图书馆事业史上占有重要地位，其主要作用如下。

首先，促使图书馆成为社会文化教育机构。清末改良主义者抱着“教育救国”的思想，把图书馆当作启迪民智、兴贤育才的手段和宣传改良主义的工具，使图书馆同社会现实生活紧密联系起来。重视图书馆的社会文化教育作用，突破了封建藏书楼“尊经卫道”、死藏古书、对世人秘而不宣的宗旨。

在他们的积极提倡、实践和推动下，清末近代图书馆已逐步成为一种社会文化教育机构。

其次，促使图书馆面向社会公众开放。封建藏书楼以愚民为宗旨，读者对象仅限于帝王将相和达官贵人，寒酸学子和一般平民无由问津。清末改良主义者为达到“启迪民智”和“教育救国”的目的，打破了封建藏书楼帝王将相和达官贵人的垄断地位，以广大知识分子和一般平民为主要读者对象，读者范围比较广泛和普及。

第三，突破了封建藏书楼只藏圣贤经书的局面。古今中外并藏，且以致用为原则，藏书适合读者需要。在改良主义者的提倡和影响下，清末近代图书馆收藏古今中外的图书，而且多以新学、西学书籍为主，藏书切合读者的求知和研究需要。

第四，使得图书馆管理方法逐渐趋向科学化和系统化。在流通阅览方面，以方便查考利用为原则，大多数图书馆制定有详细的借阅和赔偿制度。在藏书分编整理方面，分类上突破四部分类法而渐趋科学，编目上使用多种方法而且更趋完善。例如，康有为的《日本书目志》和梁启超的《西学书目表》开创了四部分类法的先河，《古越藏书楼书目》则创我国近代图书馆目录的先例。在机构设置和人员管理方面，图书馆多设有比较完善的藏书和借阅等内部组织，人员管理也初步体现出职责分明和相互协作的科学性。

第五，开创了宣传介绍和学习实践外国图书馆理论及技术管理方法的先河。在清末改良主义者的不断宣传介绍和实践下，国外图书馆学理论和先进的技术管理方法逐渐传入我国。我国图书馆也逐渐摒弃落后的管理方法而采用国外先进的技术管理方法，这在一定程度上促进了我国图书馆的近代化，加快了我国图书馆事业发展的步伐。

第六，促使封建藏书楼向近代图书馆过渡，并使得近代图书馆发展到一定规模，为近代图书馆在辛亥革命后的大发展奠定了基础。清末改良主义者抨击封建藏书楼的保守落后，促使封建藏书楼逐步向近代图书馆过渡。同时，积极提倡并具体实践近代图书馆的理论和方法，促使近代图书馆由产生而发展并在辛亥革命前初具规模，从而为辛亥革命后近代图书馆事业的大发展开辟了道路。

第四节　近代图书馆制度的建立

近代图书馆制度的确立，保证了近代图书馆的最终形成。近代图书馆制度是在古代藏书楼相关制度的基础上，充分吸收和接纳西方图书馆制度理念，而建立起来的。

近代中国引入西方图书馆制度大致分两个阶段：一是清末民初引入和接受西方公共图书馆理念，创建和改建各级公共图书馆，远效欧美，近法日本，注重图书利用的有限公开及共有共享。二是“五四”以后，引入和接受欧美新的社会教育观念，发起新图书馆运动，以效法美国图书馆制度为主，注重发挥图书馆之社会教育功能。传统藏书楼迅速改造并转化为近代图书馆，这在很大程度上得益于清末政府有关设立图书馆的立法措施。清末民初各种规范性章程的颁布，是图书馆制度形成的重要标志。近代各类各级图书馆的章程规则，各种完备的藏书、借阅、服务规章的制定、颁布及实施，使近代图书馆事业成为一种常规性工作，进而形成了一套较完善的近代图书馆制度。在众多立法性规章中，以1909年清学部奏请的《分年筹备事宜折》及随后颁布实施的《京师图书馆及各省图书馆通行章程》最具代表意义。

为了统一规范图书馆的设立及其管理，清学部奏请《分年筹备事宜折》，拟订1909年颁布图书馆章程，开办京师图书馆，1910年各省一律开办图书馆。1909年12月，清政府正式颁布《京师图书馆及各省图书馆通行章程》，对中央、省、州、县图书馆的设立程序、收藏范围、职责、管理制度，以及图书管理与流通方法等作出明确规定，为传统藏书楼向近代图书馆的转变提供了制度性保障。

《京师图书馆及各省图书馆通行章程》规定，图书馆设立的宗旨是“保存国粹、造就通才”，这样一来，就必定要广储各种资料，这与近代图书馆的原则是一致的。有人评论：图书馆是一所搜集、整理、保存和利用文献的机构，它以搜罗人类一切思想活动的记录为目的，并加以组织整理，用最科学、经济的方法保存管理，供给大众使用。该章程还对全国设立各级公共图书馆作了明确规定：京师及各直省省治，应先设图书馆一所，各府、厅、州、县治应各依筹备年限依次设立。京师所设图书馆，定名京师图书馆；各省治所设者，名曰某省图书馆；各府、厅、州、县治所设者，曰某府、厅、州、县图书馆。图书馆收藏图籍分两类。一为保存之类，凡内府秘笈、海内孤本、宋元旧椠、精抄之本，皆在应保存之类。保存的图书，别藏一室。由馆每月择定时期，另备券据，以便学人展视。如有发明学术堪资考订者，由图书馆影写、刊印、抄录，编入观览之类，供人随意浏览。这类书籍相当于后来的善本书，对学术研究颇有裨益。二为观览之类，凡中国官私通行图书、海外各国图书，皆为观览之类。观览图书，任人领取翻阅，惟不得污损剪裁及携出馆外。该章程对图书阅览也作了规定：无论保存之类、观览之类，概不得以公文调取，致有损坏遗产之弊。这些规定，均体现了近代图书馆的平等精神。

《京师图书馆及各省图书馆通行章程》是我国政府颁布的第一个关于图书馆的法规。从此，我国近代图书馆的建设和发展有了法律的指导与保护。

在《京师图书馆及各省图书馆通行章程》指导下，从1909年开始，吉林、黑龙江、河南、山东、陕西、云南、湖南等省相继建立了公共图书馆，京师图书馆也在筹建之中。《学部奏筹建京师图书馆折》对当时各地创设图书馆情况作了介绍：近年各省疆臣，间有创建图书馆，购求遗帙，以供众览者。该奏折对创办京师图书馆的必要性也作了阐述：惟是图书馆为学术之渊薮，京师尤系天下观听，规模必求宏远，搜罗必极精详，庶足以供多士之研求，昭同文之盛治。清学部对创办京师图书馆格外重视，并作了详细规划：兹者京师创建图书馆，实为全国儒林冠冕，尤当旁搜博采，以保国粹而惠士林。无如近来经籍散佚，征取良难，部款支绌，搜求不易。且主子近时风尚，率趋捷径，罕重国文，于是秘笈善本，多为海外重价钩致，捆载以去。若不设法搜罗保存，数年之后，中国将求一刊本经史子集而不可得，驯至遭丧文敝，患气潜滋。此则臣等所揣揣汲汲，日夜忧惧而必思所以挽救之者也。经过三年的筹建，京师图书馆于1912年正式对外开放。该馆是按近代图书馆理念及图书馆制度创建的国家图书馆，在图书的收藏、管理及借阅等环节，均借鉴了西方近代图书馆的新方法。以借阅规则为例，该馆颁布的《京师图书馆阅览章程》第一条规定：本馆收藏中外书籍，其通行者，任人领取翻阅，惟不得携出馆外。第三条规定：凡观览本馆图书者，除持有优待券外，均应于入馆前购阅览券：甲，每券得取阅图书五十册，铜币四枚；乙，每券得取阅图书十册，钢币二枚。第六条规定：学校职教员及学生等，有参考之急需，由校函请寄赠特别、普通券者，俱免收取券资。

除京师图书馆这样的国家级图书馆的章程及办理办法效仿近代西方图书馆，其他如云南图书馆等各省图书馆的办理办法，也大致如此。1909年10月建立的云南图书馆，虽然是由传统藏书楼经正书院改造而成的，但其管理办法也很具近代图书馆色彩。《云南图书馆章程》规定：凡经、史、子、集及新出图书、报纸等，广为储藏。惟所存书报，务择持论平正，不背公理，如有稍涉谬妄，煽惑人心者，皆屏斥弗取。为了适应需要，图书馆不仅开放新旧书报供大众阅览，并且兼营书报文具的发售流通。接收前云南官书局刻印的图书和书版，并继续印售。又代销商务印书馆及上海等地出版的新书、教科书、挂图、文具、仪器、标本等。图书馆成为当时云南省的文化服务中心。

除了清末学部颁布的有关京师图书馆、各省图书馆的各种规程外，北京政府教育部门也颁布了相应规章，以规范和推动近代图书馆事业。当时的教育部门于1915年先后颁布了《图书馆规程》和《通俗图书馆规程》。《图书馆规程》规定：各省、各特别区域应设图书馆，储集各种图书，供公众阅读。《通俗图书馆规程》规定：各省治、县治应设通俗图书馆，储集各种通俗图书，供公众阅览。两个《规程》对图书馆宗旨、设置、藏书、经费、管理等各有11条规定。其主要区别在于：公共图书馆需酌情收取阅览费，而通俗图书馆则免费阅览。通俗图书馆大众化、公开化的特征十分明显。例如，关于图书缴送的制度，其规定："拟请饬下内务部，以后全国出版图书，依据出版法报部立案者，均令以一部送京师图书馆庋藏，以重典策而光文治，似于教育政化，裨益匪浅。"这就保证了京师图书馆作为国家图书馆之特殊地位。在两个《规程》的指导下，公共图书馆、通俗图书馆、巡回文库有了长足的发展。

到20世纪30年代，中国近代图书馆的各种章程已经较为完备，形成了一套较完善的图书馆管理制度。以1939年国民政府颁布的《修正图书馆规程》为例，该规程对图书馆内部的组织及业务活动作了更为明确的规定。例如，第8条关于各省立图书馆机构设置的规定为，省立图书馆设下列各部：总务部，文书、会计、庶务及其他不属于各部之事项属之；采编部，选购、征集、交换、登记、分类、编目等属之；阅览部，阅览、庋藏、参考、互借等属之；特藏部，金石、舆图、善本、地方文献等属之；研究辅导部，调查、统计、研究、实验、视察、辅导、图书馆工作人员之进修与训练及各项推广事项等属之。县市立图书馆设置下列各组：总务组，文书、会计、庶务及其他不属于各组之事项属之；采编组，选购、征集、交换、登记、分类、编目等属之；阅览组，阅览、庋藏、参考、互借等属之；推广组，演讲、播音、识字、展览、读书指导、补习学校及普及图书教育等事项属之。该规程还对图书馆馆务会议、辅导或推广会议的设置、职权作了如下规定：馆务会议由馆长及各主任组成，以馆长为主席，讨论全馆一切兴革事项，每月开会一次；辅导或推广会议由馆长、各主任及该地方内有关之教育行政机关代表组成，以馆长为主席，讨论图书馆办理辅导或推广事业之兴革事项，每半年开会一次。该规程还规定，各图书馆应设置小组讨论会和经费稽核委员会，小组讨论会由各主任及干事分别组织，以部或组主任为主席，负责研究有关学校及讨论改进工作，每周开会一次；经费稽核委员会由各主任及全体干事互推3~5人组成，委员轮流充当主席，负审核收账目及单据之责，每月开会一次。为谋事业的发展，图书馆可以联络地方党政机关、社会团体及热心图书馆事业的人士，组织各种委员会。

图书馆各种章程的颁布及实施，不仅从制度上保证了近代图书馆的管理及其活动，而且逐渐形成了在中央以筹建北平图书馆为标志、在地方则以建立各省市公立图书馆为标志的全国图书馆网络。据当时的相关资料统计，1930年全国有图书馆1 468所，1931年有1 620所，1935年达2 935所。据教育部第二次《教育年鉴》统计，1936年全国共有图书馆5 196所。这一时期，公共图书馆的发展尤为迅速，1925年全国公共图书馆仅294所，到1936年已达1 502所。至此，我国近代图书馆的基础性工作已基本完善，图书馆网点逐步由省会转向县乡，形成了一个多层次、多类型的中国近代图书馆系统。

第五节　辛亥革命前后近代图书馆的发展

辛亥革命对我国的社会、政治、经济和文化的发展都产生了巨大的影响，图书馆事业也不例外。1905年同盟会成立前后，以孙中山为首的革命派在批判改良派的同时，逐步在各地发展革命团体，其中值得重视的是革命团体的藏书楼和阅览室。革命派重视图书报刊的作用，倡办各种形式的图书馆和阅览室，使一些革命党人的革命活动和图书流通密切相关，而图书流通又为革命思想的传播起了推进作用。出于宣传革命思想的需要，在藏书内容和管理方法上，革命党人改变了当时藏书楼的“存古”传统，着力于创新和变革。图书馆和阅览室的读者对象大部分是作为革命党人的士兵、学生等。因此，辛亥革命前革命派的图书活动，为辛亥革命后图书馆工作的变革创造了一定的条件。

辛亥革命的胜利，促使清末以来建立的各省省立图书馆逐步开放，并陆续举办各种公共性质的图书馆，推动了我国近代图书馆事业比较迅速的发展。专家学者对图书馆学进行系统研究，出版了一系列专著。同时，图书馆学专业教育也开始出现。我国的图书馆事业迎来了第一个发展高潮。

一、各类型图书馆数量剧增

（一）公共图书馆

1904年年初，湖南、湖北两省分别创办图书馆，并于当年对外开放，是我国最早设立的省级公共图书馆，同时建立的还有江南图书馆。1909年，吉林、黑龙江、河南、山东、陕西、云南等省相继建立公共图书馆。到1914年为止，全国除山西、甘肃、江西、新疆等省外，共创建了省级公共图书馆18所，其中包括国家图书馆的前身——京师图书馆。

1909年，学部奏建京师图书馆，称“图书馆为学术之渊薮。京师尤系天下观听，规模必求宏远，搜罗必极精详，庶足以供多士之研求，昭同文之盛治”(《学部奏筹建京师图书馆折》)。随后该馆馆址选在什刹海的广化寺，并决定把热河文津阁藏《四库全书》、内阁大库旧藏及《永乐大典》残本移交图书馆，又购求湖州姚氏、扬州符氏等藏书家的书籍送交该馆庋藏，以充实馆藏。著名目录学家缪荃孙被任命为京师图书馆正监督。当时，革命风暴正在酝酿，清王朝面临崩溃，该馆虽经筹建，但并没有开放。1912年7月，馆长江翰呈报教育部批准京师图书馆阅览章程18条。同年8月27日正式对外开放。次年2月，江瀚调任他职，教育部派社会教育司司长夏曾佑负责管理该馆，实际由鲁迅负责管理。

鲁迅对京师图书馆的建设和发展，做了大量卓有成效的工作。首先，他对京师图书馆进行改组。1913年10月，教育部认为京师图书馆什刹海广化寺馆址地处偏僻、交通不便、读者寥寥，而且地势潮湿，不宜保藏书籍，决定该馆暂时停止阅览，听候改组迁移。京师图书馆虽然停止阅览，但各项工作在鲁迅的指导下，均照常进行。鲁迅在该馆停止阅览之际，督促馆员将所有藏书均“分别部类，编列号数，刊印标签，逐册粘贴，依序陈列，以便收发检查”（李希泌，《鲁迅与图书馆》）。鲁迅特别重视古籍的收藏保管。为保护古籍免遭腐毁，他叮嘱馆员要勤加修补，以便保存。在京师图书馆改组期间，鲁迅同工作人员积极做好重新开馆的准备工作，几经周折，最后决定安定门内方家胡同清国子监南学旧址为京师图书馆馆址，并定于1917年开馆。

其次，鲁迅注重资源建设，为京师图书馆丰富的馆藏打下了很好的基础。京师图书馆开办时的藏书量共计5 424部，151 375卷，52 326册，其中善本室书880部，28 412卷，10 822册；阅览书4 544部，122 963卷，41 504册。另外，还有敦煌石室唐人写经长短卷8 662卷。为了充实馆藏，鲁迅多次以教育部的名义向全国征集图书资料。1912年，鲁迅曾以教育部的名义咨调各省官书局所刻书籍入藏该馆。当时，直隶、奉天、吉林、黑龙江、山西等十余省均陆续将官刻书籍缴送该馆。1913年9月，又以教育部名义拨给该馆一部《古今图书集成》。为了给京师图书馆开辟永久、固定的书源，鲁迅曾于1916年4月以教育部的名义，通过政事堂，取得内务部的同意，通知京内外，凡经内务部立案出版的图书均应分送京师图书馆一份收藏，但未能实行。1917年3月，鲁迅又以教育部名义咨呈内务部，请其申明前案。同年4月，内务部咨复教育部已通知京内外，认真办理。从此，国内出版物向京师图书馆呈缴有了明文规定，并一直沿袭至今。

此外，除普通古籍外，地方志和金石拓片等重要资料是鲁迅以教育部的名义向各地大批征取的重点。鲁迅还经常将自己珍藏的书刊赠与京师图书馆，包括古今中外的书籍和刊物，例如，他自己辑录的《会稽郡故书杂记》、章太炎所著《小学问答》的自写精刻本等。同时，经过鲁迅的力争，《永乐大典》和《四库全书》入藏京师图书馆，成为今天国家图书馆（前身为京师图书馆）馆藏的两部举世闻名的珍贵典籍。

除京师图书馆外，早在1903年，浙江学使张亨嘉及学者邵章等人，曾经改府办杭州藏书楼为省办浙江藏书楼，成为浙江图书馆的前身。1904年，长沙知识界创办湖南图书馆兼教育博物馆。1906年，湖南巡抚庞鸿书认为图书馆“庋藏群籍，输进文明，于劝学育才，大有稗益”（《湘抚庞鸿书奏建图书馆摺》，《学部官报》第9期），并拟定章程，拨给经费，委派监督，分设缮校、收掌，提调官员，改称湖南图书馆，开始使用“图书馆”命名。1907年，安徽巡抚冯煦奏采访皖省遗书，以备图书馆之用，这是主张省图书馆收藏地方文献的开始。

通俗教育以启发一般民众普通和必需的知识为主，它所采集的图书，以大众所必需且易明了的为宜。教育部于1913年筹建京师通俗图书馆（首都图书馆的前身）。该馆设于宣武门大街租赁的民房内。除阅览室外，附设公共体育场与新闻阅览处所，于1913年10月21日正式开馆。后来经费稍微宽裕，又添设了儿童阅览处室。鲁迅关心图书馆的发展，他认为“通俗图书馆采购的图书，小说应大量选择；而科学书等，实以广学会所出者为佳，大可购置，而世多以其为教会所开而忽之矣”（《致许寿裳书》，载《鲁迅书信集》）。鲁迅不仅自己常去通俗图书馆，而且介绍别人去通俗图书馆看书。据1916年《教育公报》统计，当时全国21个省有公私立通俗图书馆237个，每日平均阅览人数7 984人，以湖北、山东、河南、奉天（现在的沈阳）等省的藏书和读者为最多。

鉴于各省公共图书馆的建立，清政府于1909年12月正式颁布《京师图书馆及各省图书馆通行章程折》，规定图书馆建立的目的是“保存国粹，造就通才，以备硕学专家研究学艺、学生士人检阅考证之用，以广征博采，供人浏览为宗旨”，并对图书馆的收藏范围、职责、管理制度，以及图书管理与流通的方法等均作了详细、明确的规定，这是我国图书馆的第一次立法。可见，真正奠定我国近代图书馆事业基础的，是我国各省公共图书馆的正式建立。

（二）学校图书馆

1. 国立北京大学图书馆

1898年，京师大学堂章程第一章第六节指出：学者应读之书甚多，一人之力必不能尽购。京师大学堂为各省表率，体制尤当崇宏。今设一大藏书楼，广集中西要籍，以供士林浏览而广天下风气。1902年，张百煦以京师大学堂为基础，奏办京师学堂，以“端正趋向、造就通才”为宗旨，分别提取各省的官局书籍或购买民间旧本、时务新书、已译未译西书，归入藏书楼。这是北京大学图书馆的前身，也是我国高等学校图书馆历史最久的一所。

北京大学图书馆设有阅览室和书库，分设西文、中文、古物美术三个部，下分登录、编目、购书、典书四个科，并设有打字处和装订处，馆员约20人。据1923年9月30日统计，全馆收藏汉文书约140 000册，西文书约2 356册，日文书2 480册，杂志（中、西、日文）15 172册，总计184 008册；编有中西文分类、著者和书名字顺的卡片目录。其中，西文分类目录以杜威十进分类为基础，根据馆藏略有变通，分为总类、哲学、宗教、科学、工艺、美术、言语、文学、社会、史地十大类。中文分类目录沿用经、史、子、集四大类的传统习惯。在当时，图书馆已经成为老师和学生们的第二课堂。

2. 北京高师图书馆

1912年，北京高师接收了前清优级师范的图书室，当时藏书甚少，而且分散在各部预备室。1917年夏，在史地部主任王桐龄及其助理张之轩的大力帮助下，该馆着手收回散置各处的图书，改组阅览室，并由学校聘请刘宝廉为图书馆主任。同年12月，图书馆正式成立。到1920年止，共有中文新书2 305部，3 424册；英文书籍3 336册；日文书籍2 336部，2 863册；德文书籍101册；法文书籍22册。西文书已改用当时通行的杜威十进分类法分编，中文书仍用四库分类法。

3. 清华学校图书馆

清华学校图书馆创办于1912年，当时隶属于庶务处。1914年夏，由于学生增加、课程增多，图书室脱离庶务处而自成为学校行政部门之一。1919年3月，新馆落成，改称清华学校图书馆。除主任和副主任外，图书馆下设6个部：参考部、购置部、编目部、出纳部、登录部和装订部。1917年和1919年，该图书馆分别制定了《图书馆规则》和《图书馆借书规则》。至1921年4月止，馆藏西文书16 066册，中文书41 000册，共计57 066册。

其他如国立清华大学图书馆的藏书由1931年的11万册增至1937年的36万册，私立南开大学图书馆同期由12万册增至20万册。

（三）专门图书馆和私立图书馆

1. 专门图书馆

1905年，袁世凯在天津设立工艺总局，附设教育品陈列所。教育品陈列所罗列中外各种教科书、仪器标本、模型，设立藏书室。这是比较早的专业图书馆。

中国科学社图书馆创建于1916年8月，属中国科学社（中国科学技术协会的前身）领导，制定有图书馆总章和暂行流通书籍章程、办事细则等，服务对象主要为中国科学社社员。该馆图书来源以捐赠、寄藏、征求和购置为主；图书类别包括教科书、参考书、期刊和其他出版物、图谱等。该馆规定，凡重要书籍，无论本馆能否购置，都必须让读者知晓，并将该书的内容写出提要在目录中予以反映，以便读者检查及日后择购之用。

教育部图书室创建于1912年6月，共收藏中文图书81 000余册，西文图书6 000多册，并编有书目，标明书名册数，附以版本及著者姓名，以便检寻。该室藏书专供本部职员阅览之用，但北京各学校及各学会的职员或学生，持有机关介绍信者，也可请求阅览。

上海人文图书馆（后改名鸿英图书馆），除专门提供剪报阅览外，还将著名期刊所载约百种论文做出分类索引，按期在《人文月刊》上发表，这是中国图书馆提供剪报信息服务的开端。

其他像中国地质学会、中国工商管理学会、中国化学会、中国经济学社等学会团体也都建立了自己系统所属的图书馆，主要为本单位和本系统的员工服务。

2. 私立图书馆

1904年，商务编译所所长张元济着手筹建图书馆，命名为涵芬楼。他搜罗会稽徐氏、长洲蒋氏、太仓顾氏等私人藏书家散出的藏书，供编译参考之用。不久，清宗室盛氏、丰顺丁氏、江阴缪氏等私人藏书家藏书继续散出，张元济又各购得数十百种，使图书馆初具规模。此后20余年间，图书的搜求工作一直坚持不断，张氏每次去北平，必定满载而归，单是地方志这一类的书就有2 000余种；日本、欧美名家撰述和每年出版的新书，数量也不少。张氏将藏书区分为八门，天字为旧书，地字为教科书及参考书，元字为东文书，黄字为英文书，宇字为日报、杂志、章程，宙字为地图、挂图、杂画，洪字为照片、明信片，荒字为碑帖。1924年，商务印书馆考虑到上海尚无完备的公共图书馆，决定将涵芬楼改名东方图书馆。在新馆三楼，专辟一室储藏善本，仍用旧称涵芬楼，同时聘王云五为馆长，总理馆务。1929年5月3日开馆，东方图书馆藏书达20余万册。1932年，东方图书馆被焚。

松坡图书馆是梁启超为纪念蔡松坡（蔡锷）而设立的私立图书馆。馆藏分本国书和外国书两大部分。该馆规定凡《四库全书》收入的图书，一定要尽量收全，除购买外，还有私人惠赠的家藏善本。外国书按英、法、德、俄、日文分橱典藏。此外，各科学、文学名著也广为采置。对于新出版的书，则随时购取。

据中华图书馆协会调查，1925年，全国稍具规模的图书馆有502所；1928年，全国共有图书馆557所；1929年，全国有图书馆1 131所；1930年，全国有图书馆1 428所；1931年，全国图书馆共有2 953所，经费为987 423元，职员为3 528人，性质可分普通、专门、民众、社教机关、公司官署、团体附设图书馆、书报处及巡回文库、大中小学、私家藏书楼；到1935年，全国各类图书馆增至2 520所（见表1-1）。

表1-1　1935年全国图书馆调查表

全国各省市	公立图书馆（所）	私立图书馆（所）	合计（所）
上海之部	34	114	148
南京之部	38	14	52
江苏之部	166	47	213
浙江之部	164	49	213
安徽之部	59	12	71
江西之部	45	9	54
湖北之部	66	15	81
湖南之部	89	17	106
四川之部	105	53	137
青岛之部	8	1	9
山东之部	153	5	158
北平之部	36	43	79
河北之部	131	11	142
河南之部	179	13	192
山西之部	85	9	94
陕西之部	72	2	74
甘肃之部	49	1	50
广东之部	215	92	307
福建之部	69	23	92
广西之部	69	0	69
贵州之部	47	5	52
云南之部	84	1	85
绥远之部	17	0	17
青海之部	7	0	7
察哈尔之部	1	0	1
宁夏之部	4	0	4
西康之部	4	0	4
共计	2 005	515	2 520

资料来源：许晚成编.《全国图书馆调查表》. 上海：龙文书店，1935年。

二、图书馆学著述硕果累累

1927—1936年10年间，图书馆学著述达4 065件，总数超过1912—1927年16年间的总和。主要成果有：杨昭玺的《图书馆学》、杜定友的《图书馆学通论》、洪有丰的《图书馆组织与管理》、李小缘的《图书馆学》、马宗荣的《现代图书馆经营论》、刘国钧的《图书馆学要旨》、程伯群的《比较图书馆学》、俞爽迷的《图书馆学通论》等。分类编目方面，以沈祖荣、胡庆生编写的《仿杜威书目十类法》为先导。这一时期有刘国钧、杜定友、王云五、皮高品、裘开明、戴志骞、查修、洪有丰、何日章、桂质柏等人在仿照杜威法的基础上编制了10多部分类法，其中以刘国钧、杜定友、王云五的分类法流传较广。具有标志性的目录学专著有：余嘉锡的《目录学发微》（油印讲义）、姚名达的《目录学》、汪辟疆的《目录学研究》。此外，出版了23种专业刊物，主要有中华图书馆协会主办的《图书馆学季刊》（1926—1937）及该会的会报（1923—1948）、北平图书馆编印的中英文版《图书季刊》、武昌文华图书馆学专科学校编辑的《武昌文华图书馆学专科学校季刊》（1929—1937）。这些专业期刊都发表了大量图书馆学专业的文章。将这一时期的图书馆学著述与20年代以前相比较，有一个明显的不同之处，即此前基本上为译作，且以日译居多，此后则以著述为主，内容不限于一般性介绍，而是引进美英等国图书馆学理论和技术，有的还适当结合国情，有所创新。

三、近代图书馆学教育兴起

20世纪初，民主主义教育、平民教育的兴起，给我国教育事业和图书馆事业带来很大的机遇和挑战。在新文化运动和图书馆运动的影响下，全国图书馆事业出现了繁荣局面。这迫切需求大量的图书馆学专业知识人才。一部分先进的知识分子对图书馆馆员的专业教育表示了极大的关心。这一时期，我国出现了不同层次、不同形式的图书馆学教育，包括图书馆学的正规学校教育（如高等教育、初等教育）以及各种形式的短期培训。具有代表性的有武昌文华图书馆学专科学校（原武昌文华大学图书科，1920年独立建制）、上海国民大学图书馆学系、南京金陵大学图书馆学系、四川成都图书馆学校等。特别值得一提的是，武昌文华图书馆学专科学校到1953年并入武汉大学，成为该校图书馆学专修科前身。该校为新中国初期培养了大批图书馆学和档案学专门人才。现今已发展为规模宏大的武汉大学信息管理学院。图书馆学教育的发展，为图书馆界培养了大量的专业人才，推动了图书馆事业的发展。

第二章

现代图书馆转型

第一节　现代图书馆转型的背景

图书馆事业由来已久，从藏书楼、藏书室到开放的图书馆，从为皇室贵族服务到为民众服务，从为私人服务到为大众服务，从面对面服务到异地资源共享，图书馆经历了一系列的转型过程。目前的情况是：图书馆在经历了以传统印刷型文献为收藏管理内容，并以手工操作为服务手段的时期后，进入了由传统、单一、封闭型图书馆向现代化、多功能、开放型图书馆转变的现代图书馆时期，图书馆又一次面临着转型的挑战。图书馆转型是历史发展的必然趋势，图书馆的每一次转型都有其深刻的背景，是内因和外因相互作用的产物。

一、图书馆转型的外部环境

（一）现代信息技术的应用

现代化高新技术，特别是计算机技术、多媒体技术和信息高速公路的迅速发展，已直接影响到人类社会生活的方方面面。以计算机技术为核心的现代信息技术的发展，是图书馆转型的深刻原因之一。图书馆是时代的产物，作为信息中介部门，图书馆在努力保持着与时代的同步发展。一系列信息技术的应用，使图书馆在资源的采集、分类、编目、数据库建设、资源整合、信息推送、资源描述、信息压缩与存储、信息检索与挖掘、版权管理技术、虚拟参考技术、个性化服务、图书馆应用系统设计与分析、多媒体检索系统、跨平台检索系统等方面如虎添翼，全面地拓展了图书馆工作的空间，拓宽了图书馆服务的领域，提高了图书馆的社会功能。传统的以印刷载体为主的图书馆，正在向电子化、网络化过渡，数字图书馆和传统图书馆相结合的复合图书馆已成为必然的选择。

（二）互联网的快速推进

互联网，又称因特网或万维网，英文为“Internet”。1991年，万维网在欧洲粒子物理研究所问世后，迅速向社会大众普及。1994年，中国获准加入互联网。1995年，中国的普通百姓开始进入互联网。此后，我国互联网产业一直保持稳定增长态势。截至2005年年底，我国网民数达到了1.11亿，域名总数达到250多万个。高速传递信息的光纤纵横交错，把不同的单位、行业、地区、国家联系起来，大大提高了信息传递的速度，使得文字、符号、图像、声音都可以以数字的形式在网络上推送，原来以不同媒体传输的文本、图像、声音，在网络上都以数字的形式运行。数字信息以压缩的方式传递，进一步提高了信息传递的速度。互联网把人们生活的空间拉近了，偌大的地球如同一个信息村。国与国之间在经济、文化、技术等各个领域之间的交流与合作不断深入和发展。

作为专门的信息收集、加工、传递和服务的机构，图书馆的管理理念、管理内容、工作模式、服务对象、服务范围等都因为互联网而发生了深刻的变化。全球的网络化与信息化，也正是图书馆信息服务事业全面显示其良好作用的机会，人们坐在家里利用图书馆，已经不是昔日的神话。图书馆正以全球化为契机，以互联网为媒介，积极促进信息的交流和共享，开创图书馆信息服务业的新局面。

（三）知识经济时代的需求

知识经济是指建立在知识和信息的生产、分配与使用之上的经济。它以科技和信息的广泛利用为特征，以知识和信息为基础推动社会发展的经济。知识是比劳动力、资本、原材料和能源更具有竞争力的生产力要素。知识投资可以提高生产能力，并将生产能力转化为新产品和新工艺。知识和信息是丰富的，而劳动者必须通过不断的学习才能掌握和利用它们。知识经济的来临对社会政治、经济、教育、科技、文化及人的思维方式、行为方式都产生了重大影响。知识经济时代，数字化的文献、图书、期刊、手稿、图像、电视剪辑、声音记录、绘画展览和电子邮件，拓展了图书馆的功能，扩大了图书馆的服务面，使广大劳动者有了更多的获得知识和信息的机会。我国的图书馆事业也随着国家的繁荣富强而日益发展壮大，各级政府投资巨额资金新建或扩建图书馆，国家图书馆、上海图书馆等跻身世界图书馆前列。知识经济需要图书馆，图书馆与知识经济的发展紧密相连。同时，知识经济时代，人们对图书馆提出了更多、更高的要求。提供有效和多样化的服务，实现多元化的服务功能，是图书馆面临的一项艰巨的任务。

（四）其他信息机构的冲击

随着现代信息技术的日益成熟，互联网的迅速普及，我国的信息产业迅速崛起，清华同方、北大方正、重庆维普、联想等一系列大型公司均形成了规模经济，社会上各种各样的信息机构如雨后春笋一样伸入人们生活的各个角落。这些机构凭借强大的资金和高素质的人才，在信息服务领域占有很大的优势，对图书馆造成了不同程度的冲击。在这样的环境下，图书馆如果不能审时度势，顺应历史潮流，进行自我变革，克服经费短缺、藏书不足、服务手段落后等诸多困难，开展特色服务，生产出与其他商业性信息服务机构不同的信息产品，并开拓出服务功能，则其生存空间将会越来越小，并终将会被时代淘汰。

二、图书馆转型的内在因素

内在因素，指内驱力，又称自驱力，是指引起和维持个体的活动，并使活动朝向某一目标的内在心理过程或内在动力。它一般具有三种功能：一是激活功能，即内驱力会促使人产生某种活动。二是指向功能，即在内驱力的作用下，人的行为将指向某一目标。三是强化功能，即当活动产生以后，内驱力可以维持和调整活动。图书馆转型的内在因素，是指在暂且抛开图书馆外界因素的前提下，能推动图书馆发展的内在动力。其内容主要集中在图书馆的内部构成要素上，表现出图书馆内部能够实现的工作行为。图书馆内驱力的作用主要表现如下。

（一）转型是图书馆事业发展的必然趋势

纵观中外图书馆事业的发展，图书馆经历了多次转型。以中国图书馆的发展史为例，从2300年前殷商甲骨文的批量收藏起，中国古代藏书楼开始萌芽。经过了上千年的历史演变，官府藏书、书院藏书、私家藏书相继出现、并存发展。由于中国古代藏书楼主要为皇亲国戚、高僧文侣、达官贵人等少数人服务，因而，其功能就局限在文献的收藏与整理上，表现出重藏轻用，以藏为主的特点。从整个发展进程看，图书馆经历了三次大的转型。第一次转型是在1848年鸦片战争之后，随着西方文化的传入，外国图书馆的管理方式影响了我国的藏书楼，新型的各种类型的图书馆相继创立，并喊出了“向公众开放”的口号，真正扩大了读者范围，其功能也由原来以藏为主转为典藏、传递文献并重。第二次转型是在1949年新中国成立以后，图书馆如雨后春笋般地发展起来，遍布我国的大江南北。图书馆在数量、类型、规模、水平等方面得到了前所未有的发展。随着读者需求的变化，图书馆提出了图书情报一体化服务的思想。今天，随着社会经济的发展和科学技术的进步，与社会密切联系的图书馆受到了外界推动力的作用，传统的管理模式在诸多方面表现出其不适应性，实现开放化、现代化、全球化新型图书馆的呼声引起了图书馆同仁及全社会的关注，图书馆的第三次转型已成为社会进步和图书馆事业发展的必然趋势，已是任何人不可逆转的时代潮流。

（二）转型是图书馆内质变化的必然结果

从图书馆要素学的观点来讲，图书馆是由文献、读者、馆员、技术手段、建筑设备等要素构成的。近些年来，图书馆的诸因素发生了不同程度的变化。从硬因素看，较为明显的是文献载体形式由单一的印刷型向光电型、缩微型方面发展，磁盘、光盘、海量存储器在图书馆的大量使用以及电子计算机存储功能和传递功能在文献利用中的进一步发挥，使得图书馆在收藏文献载体多样化的同时，文献信息量大增；图书馆在服务方式上表现为逐步引导读者适应和掌握电子出版物的阅读和检索。与之适应的是图书馆建筑，在设计上对间架结构、空间设计、藏书容量方面也更为科学，使困惑图书馆多年的文献容量危机得以缓解。从软因素上看，大多数读者已从文盲、半文盲变成了文明化、知识化程度较高的读者；文献需求从简单咨询变成了全方位、多层次的需求；检索时间由无所谓的等待到简单、方便、快捷的回答，图书馆信息化、网络化的发展已缓解了读者的文献需求。这些变化促进了图书馆工作重心的转移，构成了图书馆转型的最大动力。同样，作为图书馆一切工作的践行者以及在信息与用户之间起桥梁作用的图书馆员，在自身需求和以上诸因素变革的带动下，也在自觉不自觉地发生变化，成为信息资源的管理者、信息提供与传播者、信息利用的导航者和信息培训的主讲者。

（三）转型是缓和图书馆主要矛盾的契机

作为收藏、存储、传递文献并服务于社会大众的文化教育机构，图书馆自身包含了诸多矛盾，例如，建筑空间与文献入藏量之间的矛盾；读者惯用的文献载体与新型的文献载体之间的矛盾；馆员“保管书”与读者“用书”之间的矛盾；馆员与馆员之间的矛盾；读者与读者之间的矛盾等，都是图书馆内部矛盾的体现，图书馆也正是在这些矛盾运动中得到不断发展的。图书馆员的职责就是尽量化解这些矛盾，而转型则为缓解这些矛盾提供了契机。例如，随着现代出版技术的应用，出版业飞速发展，每年有十几万种文献问世，但即使是最强大的图书馆也不可能入藏所有的出版文献。在这种情况下，图书馆就要利用现代化技术条件，通过非印刷载体和网络等获取大量的文献信息，在一定程度上缓解了用户需求与文献短缺之间的矛盾。同时，由于大量非印刷型文献的涌现，这也在一定程度上解决了建筑空间与文献入藏量之间的矛盾。另外，在图书馆员与读者之间，往往是读者对图书馆员的知识水平要求很高，认为图书馆员能为其提供所有的文献需求，也能解决其所有的问题。可实际工作中，图书馆员由于受诸多因素的影响，往往令读者感到失望。当每一名图书馆员通过转型真正具备了相当的专业素质和文化修养时，读者与馆员之间就会成为相互提高、共同进步的朋友。

目前，在图书馆界公认的诸多矛盾中，读者文献信息需求的多样性、复杂性与图书馆文献提供能力的局限性这一矛盾构成了图书馆内部的主要矛盾。如果放任这一矛盾继续激化，图书馆将失去对广大读者的吸引力，因而也就失去了其继续存在的基础。唯一的选择就是，适应环境的要求，调整图书馆的管理机制，大胆实施图书馆的转型。

（四）人才是图书馆变革的重要保证

知识经济呼唤创新人才。创新人才需要不断地学习，经常补给新知识、新技术、新思想、新理念。学校教育、家庭教育、社会教育、岗位教育、个人自我教育等各种形式的教育，都是积累知识的过程。知识经济需要富有知识的人，需要具有信息获取、信息分析、交流信息与应用信息能力的劳动者。

作为信息资源集散地和人们终身教育场所的图书馆，为补充、更新人们自身的知识水平和技能，为提高人们的思想素质，为培养复合型人才，作出了一定的贡献。同时，知识经济又培育了大量的人才，包括集成电路人才、软件人才，以及微处理器、计算机系统、网络设备、高速通信交换设备、信息分析与处理等方面的人才，而这些人才又着眼于图书馆事业，研究与开发图书馆信息产品，提高了图书馆工作的技术含量，使图书馆真正成为信息交流的枢纽。

更为重要的是，新中国成立以来，我国图书馆学教育方面取得了很大的成绩，培养了一大批图书馆专业人员，这些人员在不同行业的图书馆发挥了巨大的作用。在知识经济时代，这些人不仅具备图书馆学的基本理论知识，同时也具备相关专业的基本知识、信息技术和知识管理等知识。具备多种知识和技能的“复合型”图书馆员越来越多，他们成为了图书馆变革的强大动力。

第二节　现代图书馆转型的目标

信息社会是信息产业高度发达并在产业结构中占据优势的社会。信息社会中，人们对信息的依赖性更强。图书馆作为知识经济和整个社会信息系统的重要组成部分，也随着现代信息技术的发展和广泛应用而发生了又一次深刻的变化。总体来说，图书馆从产生至今，经历了三次比较明显的转型，前文已作说明。此次转型是从以印刷载体为主的传统图书馆向以电子化、网络化和以数字图书馆为中心的现代图书馆转变。图书馆的馆藏结构、服务方式、工作重点、工作重心、馆员角色等都发生了一系列的变革，图书馆要适应现代信息社会的需求，抓住时代机遇，以求得更大的发展。图书馆转型的方向是实现图书馆工作的知识信息化、网络化、数字化、社会化和现代化。

一、与时俱进的图书馆理念

知识经济时代，知识管理日益重要，对作为知识管理基础和保障的图书馆工作提出了更高的要求，也给图书馆的发展带来了难得的机遇和严峻的挑战。要在竞争环境中获得生存和发展，积极地参与竞争、保持与时俱进的理念，是图书馆的唯一办法。图书馆知识管理是通过对图书馆所拥有的各种信息、各种知识要素在内的所有智力资本进行组织、开发和运营，以实现知识创新、知识扩散和知识增值的过程。它是以知识为主要要素、以智力资源配置为特征、以信息技术为手段、以学习为动力的管理，反映了时代的特点和要求。图书馆知识管理主要包括知识创新管理、知识组织管理、知识开发管理、知识传播管理、知识共享管理、知识应用管理和知识资源管理七大块面，是对图书馆传统管理的拓展和深化。作为知识宝库的图书馆是典型的知识机构，是知识信息的中介服务机构，其基本职能和任务就是对知识信息进行收集、加工、存储、管理、检索和提供利用。图书馆的知识资源、设备、技术、系统和人员本身就是知识经济中生产要素的组成部分，直接、间接地为知识的生产、传播和应用服务。同时，随着图书馆数字化和网络化的普及，图书馆将成为整个知识网络的组成部分，成为知识传播与利用的重要渠道。与时俱进的图书馆理念，是指图书馆在知识经济时代，应该体现以下功能。

（一）知识信息存储中心。知识信息源包括图书、报纸、杂志、音像制品、电子出版物、各种非正式出版物等知识载体，而这些知识载体主要是依托图书馆存储的。同时，现代图书馆还不能只满足于存储订购或搜索的文献，还应建立自己的特色文献，如全文数据库、特色数据库等，以此来拓展承担知识信息存储中心的职责。

（二）知识信息管理中心。知识信息管理是知识经济社会经济发展的核心。传统图书馆管理是对显性知识的管理，现代图书馆则侧重于对知识来源信息的管理。因此，继续文献信息管理、新增隐性知识管理成为知识创新和知识传播链条上重要环节的现代图书馆的主要职能。图书馆在知识经济社会中将成为知识信息管理的主体。

（三）知识信息服务的中介。图书馆经过多年的探索和实践已积累了丰富的信息服务经验，积累了一套科学的信息管理方式。图书馆工作人员也擅长于对知识和信息进行分析、加工和整理，图书馆有着其他信息机构无法比拟的坚实的社会基础，且形成了广大的读者群，当之无愧地成为知识信息服务的中介。

（四）没有围墙的大学。知识经济社会，人们必须不断地学习新知识、增加新本领。学校教育受时间、地点、年龄等限制，而图书馆则以其公共性、公益性、开放性和社会性的特点成为没有围墙的大学和人们终生受教育的场所。

二、网络化的图书馆结构

网络化的图书馆结构是受网络环境影响的结果。网络环境是指在电子计算机和现代通信技术相结合的基础上构建的宽带、高速、综合、广域型的数字式电信网络。在网络环境中，传统的信息提供方式被彻底改变，它突破了时间和空间的限制，将分散于不同地域的信息资源通过网络相互连接起来，人们可以在网络上的任一终端获取所需要的信息资源。网络的迅速拓展、网络用户的剧增，表明了全新网络环境的形成。网络化的图书馆结构是指图书馆之间通过互助合作资源的方式来满足用户日益增长的信息需求，包括实物资源共享和网络资源共享。其主要功能是协调采购、联合编目、公共检索、馆际互借、资源共享、合作研究、联合培训、经费支持等。目前图书馆联盟最成功的范例是美国俄亥俄图书馆与信息网络，简称“OhioLink”。它通过一个馆际互借系统，为84个成员馆的60万学生、教师、职员提供服务。我国图书馆联盟的典范是中国高等教育文献保障系统（China Academic Library & Information System，缩写为CALIS），它是经国务院批准的我国高等教育“211工程”总体规划中两个公共服务体系之一，其宗旨是：把国家的投资、现代图书馆理念、先进的技术手段、高校丰富的文献资源和人力资源整合起来，建设以中国高等教育数字图书馆为核心的教育文献联合保障体系，实现信息资源的共建、共知、共享，以发挥最大的社会效益和经济效益，为中国的高等教育服务。随着图书馆网络结构的发展，图书馆超联盟组织崭露头角，图书馆联盟国际联合体（International Coalition of Library Consortia，缩写为ICOLC）的成立，标志着图书馆联盟国际联合体国际化时代的到来。到2000年为止，ICOLC发展成为由世界150个图书馆联盟组成的联合体。网络化的图书馆结构是图书馆在现代社会的生存模式，是图书馆的发展方向。

三、数字化的图书馆资源

文献资源是图书馆服务的基础。网络环境下，图书馆馆藏资源进入多元化时代。收藏对象上，既有传统印刷型资源，又有电子化信息资源；收藏空间上，既有实体物理空间，又有网络虚拟空间。实体空间主要体现在馆舍、馆藏和馆员的支撑上，而虚拟空间主要依附于计算机网络。虚拟空间的形成与发展必须以实体图书馆的馆藏和服务为基础，而数字化的虚拟空间又大大丰富了图书馆的馆藏，拓展了信息服务的形式。由于数字信息有着高密度存储、便于检索等诸多优势，其比重在不断加大。数字化的图书馆资源包括三个方面：电子文献、数字化的图书馆馆藏文献和网络化的信息资源。现代图书馆的发展方向是实现文献资源共享，而文献资源的数字化是实现文献资源共享的前提，也是文献信息服务现代化的首要环节。

数字化是未来图书馆的本质特征，但未来图书馆的馆藏资源并不是全变成了“1”与“0”，其资源建设途径包括以下4个方面。

（1）加强印刷型文献的采集；

（2）加强商业化数据库的采集，如清华同方、万方、维普数据库、超星数字图书馆等；

（3）做好馆藏特色文献的数字化工作；

（4）做好网络资源的采集和加工工作。

四、全球化的图书馆用户

随着社会的发展，网络在人类的信息交流中所起的作用越来越重要。网络使图书馆的馆藏资源得以无限延伸，并促使传统图书馆的信息检索和传递向网络信息检索与存取转换。人们所需的资源和服务来自各地的图书馆网络服务。图书馆用户的范围和类型得以扩大和增多，图书馆工作者改变了传统的图书馆管理和服务模式，各个大型图书馆展开了网络环境下的咨询服务、借阅服务、浏览服务与传送服务。现代图书馆用户将呈现以下特征。

• 信息需求多元化。社会的发展对人们的素质和能力提出了更高的要求。人们对信息的需求日益广泛和综合，要求提供内容全面、类型完整、形式多样、来源广泛的信息，信息需求呈现出多元化、多层次的特点。用户的信息需求不再是个别和环节性的，而是全程信息保障。

• 信息需求集成化。网络环境下，信息资源分布广泛，具有分散性。但通过图书馆员的整序，能为用户提供查询、获取、全文阅读、信息发布等一系列多功能、多形式、多渠道的全新信息服务，用户在网络中可以方便地集中获得所需的信息。

• 信息需求高效化。网络环境中，信息服务跨越了时空的限制，馆员在浩如烟海的信息源中为用户寻求所需信息。人们需要图书馆提供高效的信息服务，以适应不断加快的社会生活节律的要求。

• 信息需求社会化。社会信息化使信息活动贯穿于用户生活和工作的方方面面，使需求呈现出各种形态。传统图书馆难以满足用户的这些需求，现代图书馆为用户提供了一个开放的信息环境，同时也加速了用户信息需求社会化的进程。

五、科学化的图书馆管理

管理是以最小的投入来获得最大的回报，是一种无止境的思想与实践的双重运动，一部人类文明史也就是一部人类管理史。科学化的管理是运用调查研究的方法和理性的分析对人类的劳动行为进行实验与考察，从而总结出规律性的管理方法，并以此指导各类生产和社会活动，提高劳动效率。图书馆信息服务业是一个有机统一的组织，其管理价值与读者价值是密切相连的，前者必须通过后者的实现来体现。图书馆的管理价值是指图书馆工作者通过一系列管理行为和创造性劳动，促进文献价值的增长与增值，即满足社会需求，实现社会价值。图书馆工作的价值是通过馆员借助馆藏资源与设备，通过整序和传播来实现知识的创造性生产和增值性服务的。现代图书馆时代，图书馆管理要在“人本”管理和“能本”管理上下工夫。

（一）“人本”管理

长期以来，图书馆的管理工作强调“物本”管理和“制度”管理，普遍存在“见物不见人”和“对人冷漠”的现象。随着社会对图书馆服务的要求越来越高，这种管理弊端越来越多地暴露出来。时代要求图书馆必须加强管理创新，将管理理念从以“物”为中心转向以“人”为中心。图书馆人本管理，就是文献信息管理与运作过程中以人为中心，把人作为主体，强调与尊重人的价值，注重人的个体需求，包括情感需求。其主要内容有：对读者的人本化服务，对工作人员的人本化管理，馆舍设计切合人的情感需求，强调自己管理自己，强调组织结构的柔性化，倡导全员参与管理。

（二）“能本”管理

“人本”管理的实质是把“人”作为资源和资本，强调“人”对于“物”的优先重要性。“能本”管理是在“人本”管理的基础上，强调人的能力的发挥和对能力的尊重，是更高阶段、更高层次和更高意义上的“人本”管理。

“能本”管理以人的能力作为管理对象和核心，提倡能力本位，强调人与组织的共同发展，建立以能力为评判标准的价值观。“能本”管理是知识经济时代管理发展的趋势，图书馆也必将走“能本”管理之路：按照工作人员的特长，将其放在最适宜、最能发挥其聪明才智和专业特长的岗位上，以充分调动和激发其潜能；确立公平、公正、科学的人才评价体系；培养工作人员的创新能力；充分授权；知人善任。

“能本”管理要求图书馆管理者不仅要知道一个员工现在能干什么，更重要的是挖掘其潜能，让最合适的人担任最合适的职务，给人一个充分展示自我才能的空间与平台。

六、个性化的图书馆信息服务

图书馆的发展离不开用户的支持，而要赢得用户较高的满意度，就要开展个性化服务，并在其基础上，逐步形成自己的特色。个性化服务，即通过跟踪用户的活动，了解他们的兴趣和爱好，收集他们感兴趣的信息并及时向他们提供。知识经济时代图书馆个性化服务开展得好，不仅可激发用户的信息需求，而且能推动图书馆事业的发展与变革。个性化服务内容包括个性化定制服务、个性化推荐服务、个性化知识决策服务。

个性化服务实现途径主要有：进行读者研究，包括读者认知能力、经济支付能力、满意度调查等；实施定向跟踪服务；有针对性地满足用户个体需求。

个性化服务的目标是针对每一特定用户和每一项特定任务，为用户提供定制服务，为特定的信息找到特定的用户，也为特定的用户找到特定的信息，使信息发挥最大的效益，使用户得到最想要的信息。信息社会中，个性化服务将成为图书馆用户服务的重要方向。通过开展个性化服务、提供个性化的信息，图书馆将吸引更多的用户，更具竞争力。

七、复合型的图书馆人才

人才是事业发展的基础，图书馆员是图书馆事业的灵魂，馆员的素质和能力是图书馆可持续发展的重要保证。知识经济和数字时代的到来，使传统意义上的图书馆面临全面的挑战，图书馆的服务对象和服务方式都发生了根本的变化。服务对象上，由为一馆读者服务发展到为多馆读者服务，由为国内读者服务发展到为国外读者服务；服务方式上，由“一对一”为主的方式转向“一对多”、“多对多”、“多对一”的方式，由被动转向主动，由单一转向多元。

网络环境下，知识增值服务和以用户价值为导向是图书馆的服务理念。衡量一个图书馆的标准不是藏书量的多少，而是图书馆能否利用网络资源丰富自己的馆藏，最大限度地满足用户的需求，实现服务增值与用户价值最大化。要实现这一目标，关键在于图书馆员。因此，图书馆员的素质必须有一个质的飞跃，不仅要具有图书馆学、情报学的基本知识和信息服务的基本技能，更要一专多能，既要满足用户的一般需求，又能根据用户的特殊需求提供快捷的服务；不但能承担传播知识、传递信息、开发智力、培养人才等任务，还能担负起时代赋予的作为信息导航员、知识管理专家、信息工程师的使命。实际工作中，表现为较强的信息收集能力、信息处理能力和信息研究能力。只有这样，图书馆员才能真正为专业人员解答难题，提供专业化服务，实现信息资源的活化和价值的最优化，进而实现服务的增值与知识的创新。

第三节　现代图书馆转型的措施

有人说，整个图书馆的历史就是一部“变”与“不变”的历史。变，是指图书馆信息资源的范围、信息载体的类型、信息用户的多寡、信息技术的先进程度、信息人员的观念以及图书馆的管理理念、图书馆之间的合作乃至图书馆的名称等发生了变化。不变，是指图书馆的基本职能、图书馆为用户服务的宗旨等不变。这里，“变”是绝对的，“不变”是相对的。图书馆只有把握时代的脉搏，慎待变与不变，才能保持其发展的连续性。现代环境下，图书馆的转型和变革，是内因和外因相互作用的结果，是图书馆发展的必然选择。图书馆要在办馆理念、资源建设、队伍建设、服务方式、数字化建设等诸多方面进行全方位变革，适应时代需求，才能走出一条属于自己的永恒之路。

一、创新办馆理念

观念的变革是现实变革的先导。传统的图书馆具有明显的藏书时代的印记，其理念是以书为本，各项业务基本上围绕着书而展开：以收藏为主，利用为辅；工作重心从采编、典藏到借阅，都在于一个“藏”字，注重的是藏书体系的沿袭和图书馆本身存在的形式；以“管书”为本，以文献物理实体收藏为着眼点；以存有孤本、善本的多少作为衡量馆藏质量的标准；以藏书的多寡和增长速度的快慢作为发展标志；服务方式上以阵地服务为主，坐等读者上门。信息资源的开发与利用几乎没有，即使有也仅限于为读者解疑析难。实行僵硬的人事管理制度，无激励竞争机制，忽视馆员价值的充分发挥和潜能的挖掘，各馆各自为政，总体表现为缺乏活力和竞争力。

信息社会的挑战，市场经济的驱动，网络化、数字化的冲击，环境的变化以及社会的加速进步，对图书馆封闭式的管理理念产生了极大的冲击。转变观念、顺应时代、接受新事物、实行开放式管理，是信息社会下人们对图书馆的要求。开放式管理的理念就是“读者至上，服务第一”。现代图书馆强调信息观念、市场观念，注重图书馆在社会中的竞争，以社会需求为导向，想方设法满足用户，通过为用户服务来体现自身价值。其信息服务业更贴近社会和用户。知识经济的一个显著特征就是注重创新。创新是一个民族的灵魂，是事物发展的不竭动力。同样，创新意识也是图书馆不断发展、不断适应知识经济社会的不竭动力。图书馆创新，就是根据知识经济的需要，转变观念，不断地学习，紧跟社会与科技发展的新潮流，结合本馆与本国专业发展的特点，运用新的管理方法，采用现代化的技术手段，改变传统的工作模式，不断推陈出新，开拓图书馆工作的新局面。

（一）观念的创新

观念的创新是图书馆创新的起点。观念的创新要求确立现代图书馆观念，即开放、服务、竞争、信息、效益观念。开放，就是要学习、吸收、借鉴其他馆、其他行业先进的做法和成功的经验，取其精华，大胆尝试。服务，是由图书馆的属性所决定的，要在图书馆中树立服务意识、奉献精神，强化服务职能，改善服务态度，提高服务质量。竞争，是图书馆面临的一种客观现实，也是一种机遇。图书馆要积极寻求自我发展的途径，确定自己的优势地位，发挥出应有的不可替代的作用。信息，是现代社会的血脉，也是现代图书馆服务的重要内容。图书馆服务的重点应从提供文献单元转为提供知识单元。效益，既包括了经济效益，也包括了社会效益，图书馆工作同样要讲求投入与产出的效益比，在节省资源投入的同时，追求社会服务的最大效益。

（二）人才管理的创新

管理的创新是创新工作的重心，在新形势下，管理者不应受传统思想和个人某些经验的束缚，要大胆地向落后的管理挑战，实行积极的管理改革和创新。管理的创新主要通过对人的管理来体现。知识经济十分注重知识、智力等无形资本的投入，将作为知识载体的人才置于极为重要的地位。人力资源是现代管理理论在人事领域里的一大进步，它把能动的个人作为一种资源，通过对组织内所有人力资源进行开发、运用和维护，推动组织与个人目标的共同发展。图书馆管理重视“人”指的是，一方面重视图书馆员的素质，另一方面重视为用户服务。图书馆员的素质是需要条件保证的，例如，工作条件、生活条件、学习条件、人文条件等，从而让图书馆员工作起来有信心、有决心、有上进心，使其可以尽心、尽兴、尽力地工作。当前，创新人才管理机制、加强图书馆人力资源的管理、实现“人本”和“能本”的管理体制，应做好以下4项工作。

一是选人。实行图书馆员执业资格制度，从法律上规定图书馆员的条件和任职资格。

二是育人。建立正常的图书馆员教育培训制度，针对每个馆员的具体情况，制定相应的职业发展规划，使馆员有不断自我提高的机会和胜任本职工作的能力。

三是用人。坚持公平竞争、用人唯贤、人尽其才、才尽其用的用人原则，保证每一个馆员都有公平竞争的权利，让每个馆员都能得到提拔和晋升的机会，从而激励先进、鞭策后进，使其共同进步。

四是留人。为馆员营造和谐的组织环境和工作氛围，凝聚馆员的向心力；在力所能及的范围内，尽量为馆员提供较好的福利待遇，解除馆员的后顾之忧；同时履行目标管理，使馆员认识自我，达到组织和个人的双赢。

（三）组织结构的创新

组织结构创新是图书馆创新的依托。图书馆组织结构创新的要求是建立效率高、应变能力强的组织机构，配备职位明确、人尽其才的队伍。图书馆组织创新的趋势是减少内部业务工作的部门和人员的数量，充实和加强以新技术为基础的读者服务部门的力量。组织创新是由信息技术的应用和服务需求的特点所决定的。由于计算机和网络在图书馆中的应用大大改变了图书馆的业务工作模式和服务方式，以前需要多个部门、多人完成的工作，现在由一台或几台计算机就可代劳，许多体力性、事务性的岗位正在被智力型岗位所取代，纸质文献的采编、加工工作量相对减少，光盘、数据库和网络信息成为图书馆文献资源的重要组成部分，读者对文献载体的需求趋于多样化，特别是对数据库和网络的依赖明显增加。这些变化造成图书馆对技术管理、设备维护、导读、咨询、用户教育等岗位人员需求的增多，传统图书馆以文献加工利用为主体的流程设置正在被打破。

从发达国家的图书馆信息服务业发展态势来看，图书馆信息服务业机构设置趋于少而精，部门职能集约化，图书馆信息服务机构的多层化管理被简化，中间管理层减少，以优化的组织取代硬性搭配，以高效的工作取代重复劳动。图书馆在管理上实行定岗不定人，每个岗位确定工作内容、工作数量、工作质量、工作报酬的计算方法，公开招标，竞争上岗，以优化组织机构、优化人才，提升工作效率。

一般而言，现代图书馆组织结构可设立图书馆文献信息组织开发部、文献信息服务部、信息技术应用部和对外工作部或综合办公室等。文献信息组织开发部负责全馆所有入藏文献信息的加工整序（包括电子信息资源数据库建设）；文献信息服务部负责各种文献信息资源的流通、阅览、检索、查询和各种形式的网上服务；信息技术应用部负责以计算机网络为中心的各种现代化技术的开发应用和全馆软、硬件的维护，为全馆各项业务工作的开发提供技术保证；对外工作部（办公室）负责馆际业务交流和学术交流，文献资源建设综合协调，馆与馆之间文献信息的联合采编、资源共享以及同其他行业信息资源的合作、交流等。

（四）服务的创新

服务创新是图书馆各种创新的目的。为读者提供文献信息服务是图书馆最基本的职能，读者对文献信息的需求，只有通过图书馆提供的服务才能获得满足。在知识经济环境中，读者对文献信息的需求在不断变化、不断更新，这就要求图书馆的服务也要不断创新，保持与读者需求的一致。服务的创新要求馆员理性地把握社会发展的趋势，将传统的坐在馆里等读者来馆的静态服务方式转变为面向社会、面向市场，主动提供有针对性、有选择性的动态信息的服务方式，由传统的物理意义上的图书馆转变为现代的广泛意义上的社会信息中心。

总之，创新是信息时代图书馆发展的必然趋势，是一项任务艰巨而又意义深远的工作。图书馆工作者要学习和研究现代科学技术，对有关的科技发展必须时刻加以关注，并研究其在图书馆中应用的可能性，最大限度地利用最新的科技成果用于提高图书馆的现代化水平和服务水平。同时，建立和完善创新机制，营造创新氛围，在馆内大力培育创新意识和创新精神，形成创新的共识和动力。另外，在政策上加以引导，重视对创新人才的引进和使用，并为他们创造必备条件，实行有力度的奖励制度，对创新成果给予奖励，提倡创新竞争，形成人人想创新、事事求创新的局面，以迎接知识经济的挑战。

二、转变办馆模式

传统图书馆的办馆模式是条块分割、各自为政，从而造成了资源的极大浪费，使得有限的人力、物力和财力不能充分发挥作用。现代化和网络化给图书馆带来冲击的同时，促进了图书馆信息化的发展，也为实现资源共享创造了条件。馆际合作，实现资源共知、共建、共享是图书馆发展的方向，是图书馆信息服务业的必然选择。合作是全方位的，包括图书馆内部的合作、各个图书馆之间的合作、各个行业图书馆之间的合作、各个图书馆系统之间的合作、各个国家图书馆之间的合作、图书馆管理的合作、图书馆业务的合作、图书馆资源的合作、图书馆费用的合作、图书馆专业技术研究的合作等各个层面。从具体模式来看，馆际合作主要有建立图书馆联盟和实行总馆分馆制。

（一）图书馆联盟

图书馆联盟是两个或两个以上的图书馆，为了最大限度地发挥有限的信息资源，满足人们日益增长的信息需求，在一定的技术支持下，通过缔结协议而构成的图书馆联合体。这些图书馆联合体，可以是传统的纸质图书馆，可以是复合图书馆，也可以是数字图书馆。其作用主要表现在以下4个方面。

第一，图书馆联盟统一了编目规则和检索方法，从而能提高各成员馆工作人员的工作能力和工作效率。第二，图书馆联盟不仅可以提高各个成员馆满足用户需求的能力，提高文献资源的利用率，而且可以使各个成员馆用有限的经费来加强某方面的资源建设，突出自己的特色，从而促进图书馆事业的整体发展。第三，图书馆联盟可以增强文献的覆盖面，满足不同层次、不同地域用户的需求，实现图书馆文献资源的社会化，从而实现资源共享。第四，规模效应是图书馆联盟的最大优势，无论是馆际互借、公共检索，还是协作采购、合作研究，都发挥了图书馆联盟的规模效应，以强大的整合力来应对用户、应对社会。

我国的图书馆联盟建设在政府支持和国外图书馆联盟的影响下，克服重重困难，取得了一定的成效。中国高等教育文献保障系统、国家科技图书文献中心（National Science and Technology Library，缩写为NSTL）和中国数字图书馆联盟是我国三个有代表意义的图书馆联盟。搞好图书馆联盟建设，要做到：理顺管理体制，实现图书馆的社会化，加强图书馆的人才队伍建设。各成员馆要注重特色化建设。

（二）总馆分馆制

总馆分馆制是指以一个藏书规模相对较大、业务基础相对较为雄厚、设备条件相对较好、工作人员素质相对较高、服务工作相对较深较广的图书馆为统领，管理若干个层次较低的图书馆的管理模式。总馆分馆制的关系好比公司体制中的母公司和子公司。在图书馆总馆分馆制这种管理体制中，一般来说，分馆的人事、财务、后勤以及文献采购、分编加工、典藏等业务工作都集中于总馆，分馆只负责具体的读者服务工作。总馆分馆制是早在20世纪初随着知识在人们生产生活中作用进一步加大的形势而发展起来的。由于其管理体制和运行机制具有合理性与适用性，因而被世界上许多国家所采用，是发达国家公共图书馆的一大特色。据统计，1992年，美国公共图书馆有9 076个，其中1 291个总馆拥有6 093个分馆。纽约市中心图书馆拥有80多个分馆。我国图书馆目前自动化和网络化建设尚不能普及，在经费普遍短缺的情况下，在一个地区建立以该地区规模较大的图书馆为总馆，以其他图书馆（包括各行业、各系统的图书馆）为分馆，以总馆为龙头，总馆和分馆相配合的总馆分馆管理模式，有利于改善当前我国图书馆的管理体制，打破条块分割局面，形成统一的图书馆服务体系。我国的上海市中心图书馆为我国的总馆分馆制提供了一个很好的典范。总馆分馆制在图书馆管理、图书馆建设、图书馆服务等多方面都有优势。

具体来说，总馆分馆制有利于图书馆更好地了解用户信息，有针对性地进行馆藏建设；有利于图书馆更好地履行社会服务功能；有利于文献信息资源利用的最大化；有利于图书馆减员增效，促进自身发展。

三、优化馆藏结构

文献信息资源是图书馆存在和发展的条件，是立馆之本。一个图书馆的文献资源丰富、品种齐全、体系较完整，并具有一定的特色，就更容易吸引读者，从而产生更好的社会效益与经济效益。同样，巧妇难为无米之炊，一个图书馆如果信息资源贫乏、品种过少、内容陈旧又没有特色，自然就吸引不了读者，产生不了效益。因此，文献信息资源建设是图书馆建设的重要内容，特别是在图书馆转型期更是如此。

近年来，计算机网络技术广泛应用于图书馆工作的各个环节，数字图书馆、电子图书馆及虚拟图书馆在理论与实践上已经取得人们的普遍认同。信息用户在办公室或家里就可以通过网络检索到图书馆的各类信息资源。图书馆已经或正在成为向信息高速公路输送加工、整序后的信息的重要装置。因此，网络信息资源在整个图书馆文献信息资源中的比例将会越来越高，开发网络信息资源以弥补传统馆藏的不足必然是未来图书馆信息资源建设的趋势。

网络信息资源建设工作的任务有：网络信息资源的选择与组织方法、网络信息资源的建设方案、网络信息资源的管理、网络信息资源与传统信息资源的协调、网络信息资源的共建共享途径等。具体的网络信息资源建设工作的内容包括：一是不断扩大馆藏电子文献的比例；二是有计划有步骤地将某些有特色的馆藏纸质文献转化为数字化文献，建立信息资源数据库；三是建立电子文献阅览室，以充分发挥电子文献的作用；四是充分利用网络信息资源，对网络信息进行查阅、下载；五是为网络提供馆藏电子信息、数据库，为网络用户服务；六是开展网络采访和网络咨询服务。

当然，加强电子资源建设并非否认传统文献载体的收藏。印刷型文献以其经济、阅读方便、符合阅读习惯等优势，将在相当长的时间内存在。特别是对于不发达地区的图书馆和一些中小型图书馆来说，还是要将资源建设重点放在印刷型文献上。也就是说，图书馆信息资源建设要合理规划传统纸本资源与电子型网络型信息资源之间的比例，使各类型信息资源实现有机组合，以满足不同类型用户的需求。

四、拓宽服务内容和服务方式

（一）增强服务意识

网络把全球连在一起，形成了一个信息生产、传递和消费的新秩序。这种新秩序孕育着新的信息服务模式，要求服务过程中注入大量智慧和技术，投入资金和人才，开发新的服务项目，扩大服务范围，缩短服务时间，改进服务方式，求得服务高效率。目前，许多图书馆在服务内容、服务手段、服务态度、服务心理、服务深度等诸多方面都进行了改进，开展了馆内服务、网上服务、上门服务、定向服务、专题服务等多种多样的服务形式，较好地体现了“用户第一，服务至上”的服务理念。

随着社会信息化程度的越来越高，用户信息需求呈现出社会化、综合化、集成化和高效化的特点，图书馆要进一步更新观念，增强服务意识，为用户提供公共目录查询、网上公告、网上预约催还、续借互借、读者意见反馈、网上信息资源导航、新书导读、文献传递、电子期刊、联机检索、用户教育、在线问答等各种形式的服务。

（二）更新服务内容

电子出版物的大量出现深刻地改变着图书馆信息服务业的藏书结构。传统的印刷型文献所占的比重不断减少。信息技术和网络技术将图书馆馆藏从有限扩大到了无限，分成了图书馆实体馆藏和虚拟馆藏。馆藏载体的类型多样化和馆藏结构的数字化、网络化、虚拟化，使得图书馆信息服务业从单一的纸质载体文献服务转向基于网络的数字化信息服务，这使得图书馆信息服务工作发生了根本性的变化。数字环境下，服务成为图书馆的一项战略性课题。其内涵不断丰富，外延也不断拓展。网络信息传递的主要方式有以下5种。

（1）馆际互借与文献传递。这是图书馆信息服务业的一个重要服务主题，近年来该服务增长很快。其制约因素是：图书馆管理系统标准不统一、终端用户界面操作系统不统一、管理模块标准不统一等。

（2）代理查询服务。即提供代理出版服务，但自己不出版书刊，只是充当联机代理商的中介，并提供有关出版物的联机查询和联机全文服务。

（3）信息传播服务。即出于安全目的，不能与因特网联通的局域网，可以通过采集和转播来实现对因特网上信息进行有选择的访问。

（4）原文传递代理服务。传统印刷型文献传递以目录型信息为主，网络环境下可将原文信息向用户直接传递。

（5）电子商务服务。电子商务（Electronic Business，缩写为EB）是网上信息服务的一个全新领域，它集商务中介与信息服务于一体，某些图书馆信息服务业在法规允许的条件下可以开展这项具有营利性质的服务。

（三）加大教育职能

图书馆信息服务业的教育职能，在传统图书馆的信息服务中，由于受到馆藏限制，其提供的内容仅限于文献知识。而时代的发展使人们对知识更加渴望，图书馆的教育功能和意义更加明显，教育服务方式是以提高人们的知识信息获取能力为主要目标的。图书馆员的职责是提供用户获得教育资源的机会，指导用户使用相关的计算机软件，利用搜索引擎搜索特定教育网站上的资源。

（四）提升服务内涵

图书馆作为公益性的社会文化机构，其服务特性是永不改变的。服务的文化内涵是，图书馆员应该积极学习新知识、不断更新知识，将各种知识信息融会贯通，能够自由地整合知识、组织知识、分析信息、用活知识，能够指导用户学习知识、检索知识、应用知识。也就是说，图书馆员应具有丰富的文化知识、科学技术知识和高尚的道德情操。这样，图书馆的服务工作就会达到一个理想的境界。当今的图书馆员不仅是图书文献的保管员，而且还是信息专家、信息顾问、信息导航员，是系统专家、资源协调者。图书馆馆员应该是懂专业、懂外语、精通现代信息技术、擅长文献加工和服务，并且具有竞争意识的人。

（五）尊重知识产权

信息社会，网络信息包罗万象，浩瀚无穷，任何人都可以通过网络发布、传递和拥有信息。图书馆员在利用网上信息进行服务的时候，必须尊重知识产权，了解与信息服务相关的知识产权知识，如《中华人民共和国著作权法》、《中华人民共和国商标权法》、《中华人民共和国专利法》等，以及相关的实施细则和司法解释；注意保护电子版权，维护著作权人的合法权益，做到依法合理地使用网上资源。

五、走特色化之路

有特色才有优势。要成功地实现图书馆转型，各图书馆必须认清自己在区域中所处的位置，形成自己的特色。

（一）特色化收藏

现代化图书馆收藏不应搞小而全，而应尽量避免重复建设和资源浪费，从而促进本地区图书馆事业的发展。就公共图书馆来说，其收藏一般以综合性为主，在某一学科领域及相关文献信息的收藏上特点不明显。但随着市场经济的不断发展，公共图书馆要将文献资源与区域、社会、经济等各方面对应配置，集中财力，围绕某一特色进行系统的收集，建设特色化的馆藏。

特色化收藏，对于图书馆，特别是中小型图书馆具有十分重要的意义和可操作性，也是资源共建共享和馆际互借的前提条件。特色化馆藏是图书馆信息网络化建设及信息资源合理布局和协调发展的必然趋势。走特色化收藏之路势在必行。

（二）特色化服务

要在无限的网络世界中显现自我，必须要充分利用现有的馆藏资源、技术力量和人员，提供具有特色的个性化服务。网络环境下的用户，行为更加个性化，需求更加多元化，面对这个群体，图书馆信息服务业要担负起自己的职责，开发各种可以满足用户需求的信息服务。走特色图书馆之路，就是走品牌之路，就是依靠特色产品和特色服务走专门化的发展之路。图书馆信息服务业把专门化作为自己的一个发展方向，树立图书馆信息服务的品牌意识，必将给我国图书馆信息服务事业注入极大的活力。

六、加强队伍建设

时代的发展以及用户需求的多样化和复杂化，对图书馆工作人员的知识结构和服务技能提出了更高的要求。加强队伍建设、创建人才第一机制、提高图书馆工作人员的文化知识和专业知识水平，是图书馆工作的一项重要内容，也是图书馆变革的重心。

（一）图书馆管理者要致力于提高图书馆的整体素质

提高图书馆的整体素质是图书馆事业进步的基础。由于当今世界知识更新周期越来越短，单一的知识结构难以适应复合型图书馆发展的需要。图书馆工作人员要不断学习新知识、新技能和新的管理方法。图书馆领导要立足于本单位，狠抓工作人员的素质建设，在用人制度和人员配置上严格把关，着力提高图书馆的整体素质。

（二）完善人才引进机制，吸引各种专业的人才来为图书馆服务

在网络环境下，图书馆已成为一个知识智力密集型的行业，图书馆的工作人员应具备图书馆学、信息情报学的专业知识以及信息管理和信息技术知识，同时还应掌握或精通某一门专业学科知识。现代图书馆所需要的人才是“复合型人才”。因此，要加强引进各专业技术人员，如网络管理人员、系统分析人员、程序设计人员等，以更好地为用户服务。

（三）营造适合于各类人才成长的良好环境

提高网络环境下图书馆的工作效率和服务效率，既要注意引进先进设备和技术，搞好硬件的管理，更要重视与完善用人机制、人才环境的建设。图书馆引进高素质的专业人才比较难，要稳住高素质的专业人才更难。为此，图书馆管理者一是要充分发挥馆员的主观能动性，发挥他们的潜能，协调各部门之间的关系；二是要积极打破传统的人事制度、分配体制，引进竞争机制和激励机制，严格考核制度，并出台相应的奖惩措施，营造一个适合于各类人才成长的平台，使他们的聪明才智得到最大限度的发挥，以充分调动图书馆工作者的积极性，使不同层次的馆员各尽其责、各展其才。只有合理地使用人才，才能留住人才，也才能满足现代图书馆事业发展的需要。

（四）培养与挖掘现有人才

第一，培养现有人才。图书馆员要通过岗位实践与继续教育，拓宽自身的知识结构，提高为用户服务的本领。在继续教育和在职培训方面，图书馆管理者应做到：重视并加大投入力度，多途径、多层次地扩大培训；本着学以致用的原则，密切结合图书馆发展的需求，制订培训计划及方案；根据各项工作轻重缓急及每个人的知识层次、岗位要求确定培养目标，有针对性地开展职业业务培训、岗位培训和专业技术培训，使图书馆工作者在短期内获得针对性的知识更新，改善知识结构，提高综合素质。

第二，挖掘现有人才的潜力。有些图书馆一方面在呼吁缺乏人才，另一方面不少现有人才得不到应有的重视，其才智被埋没。对于此，图书馆的领导者应该尽可能做到“让最合适的馆员担任最合适的工作”，让每一名馆员都

能充分发挥其积极性与创造性。

第四节　正确处理图书馆转型期的几种关系

转型期是指事物变化发展的阶段和过程。图书馆转型期是指图书馆变化和发展的过程。从当前的情况看，图书馆不仅处于从社会主义计划经济向社会主义市场经济的转型期，更是处于传统图书馆和现代图书馆相结合，走向复合图书馆的过程。也就是说，目前图书馆的转型期，是在传统图书馆的基础上，实现图书馆信息化、数字化、网络化的过程，是将信息技术、数字技术、网络技术广泛应用于图书馆的过程。图书馆转型，实质上就是传统图书馆转型。要保证传统图书馆的正常运转，改革传统图书馆的管理体制、服务模式、服务内容和服务手段，同时又给传统图书馆注入新的活力，满足网络环境下用户的文献信息需求，顺利实现图书馆转型，就必须正确处理好图书馆转型期的几种关系。

一、纸质印刷文献与数字化电子文献的关系

纸质文献通常是指以各种纸张作为载体的文献，是针对数字图书、多媒体、互联网等电子读物和电子光盘、影碟、磁带等音响制品出版物而言的。在图书馆转型期，有人认为，数字图书将取代传统图书馆中的纸质文献。我们认为，图书馆是人类的一种社会现象，它是人类社会根据需要而建立起来的。建立的目的是传承历史，满足一定社会和一定人群的需要。这是因为，人类文明发展到一定程度，产生、积累和沉淀了许多“记忆”，这些“记忆”就是历史、知识、思想、科学、技术、创造发明等。鉴于人的大脑存储的有限性，为了将这些“记忆”一代又一代地流传下来，人类历史上就产生了记录和交流“记忆”的文字和记载传播的载体：从甲骨文、竹简、丝帛、纸质文献印刷品，再到音像制品、电子图书等。同时，也相应地由此而产生了保存人类记忆的机构：藏书楼、图书馆、文献情报信息中心等。这些机构是人类知识的宝库，信息资源的存储中心；是人类社会长期积累起来的、一个国家、一个民族的文明象征和文化发展标志；是社会的宝贵财富。随着时代的发展，图书馆每个时期都有其新理念、新方法。在今天，相对于以前，纸质

文献利用率降低，电子读物呈上升趋势。但它在传统图书馆转型过程中以及在新时期国家的经济社会发展建设中仍然具有功不可没的传承作用及使用价值。可以说，纸质文献至今仍是各级各类图书馆馆藏文献信息服务的主流之一。特别是基层图书馆，其主要是以纸质文献进行对外服务的。在图书馆转型过程中，纸质文献仍有其存在价值。首先，尽管社会不断发展、科技不断更新，而传统图书馆经过几千年来的历史沉淀仍经久不衰，它的职能不可替代。它全面而系统地保存了见证人类社会文明进步的几千年历史的真实记录；保存了各个历史时期社会发展进程、科技发明、技术更新的方法、知识以及各种不同载体的出版物；而且传统图书馆中保存时间长，又极具收藏价值的那些珍本、孤本、善本等也只能从纸质文献中获得。所以，它能为社会和用户提供全面系统的学习和研究的资料。尽管数字图书、网络浏览和下载在一部分读者看来方便快捷，但从中国目前的经济发展状况来看，短期内传统图书馆纸质文献的收藏利用依然保持着它的稳定性和延续性。如果一味追求新潮时髦的技术手段，不合时宜、不讲实际，不按照科学方法和规律来进行图书馆的馆藏建设和服务，只注重电子图书的收藏与利用，放弃传统图书馆纸质文献的服务，顾此失彼，那将会给图书馆事业带来不利的影响。

从纸质文献本身来说，它是一种传承历史文化的重要载体。图书馆无论发展到何时，也不会认为纸质文献已经过时，从而失去保存价值，并剔除这部分纸质文献。其独特的保存作用和传承价值，是其他载体形式都不可取代的。另外，纸质文献是非正式出版物的一种重要传承载体，它包括各地的内部刊物、交换资料、学术论文、课题调研报告以及正在进行中的科学研究原始数据材料等。

今后很长时期，传统图书馆不会消失。这是因为，要将纸质文献全部数字化是不经济也是不必要的；其次，纸质文献出版业将在相当长的时期内与数字化出版业共同发展；再次，纸质文献能够满足不同年龄、不同层次、不同职业的用户的信息需求，阅读纸质文献不需要其他任何辅助阅读设备，符合人们的阅读习惯；同数字化文献相比，纸质文献还具有保存期长、不会受病毒侵害等特点。所以，纸质文献将与数字化文献长期共存。

复合图书馆是纸质文献与电子文献或虚拟文献共存互补的复合环境下传统图书馆与数字图书馆两种不同形态的图书馆共存互补、有机结合的统一体，而不是两者的简单拼凑。复合图书馆具有自身特有的管理要求、运行规律与服务功能。当前，图书馆管理者不能置传统图书馆的稳定发展于不顾，甚至扼杀传统图书馆的发展而片面追求数字化；也不能被数字图书馆的建设困难所吓倒，对数字图书馆的建设不关注，要根据自身的馆情和特色，一步一个脚印地建设具有特色的数字化图书馆。

二、传统服务与网络服务的关系

目前，图书馆领导有重现代信息服务轻传统读者服务的思想，从而忽视了流通阅览部门的工作，认为只要能按时开门、书刊能及时上架、保证读者能正常借阅便可。对于这些岗位安排的工作人员大都是低学历、低职称的人，他们学习、考察的机会很少，工作能力有待提高。由于传统服务工作不被重视，工作人员缺乏积极性和工作热情，其工作只能停留在看门守摊，满足于一般的借借还还。目前，图书馆的传统读者服务仍然是图书馆大多数读者所需要获得的服务。图书馆领导应该意识到：被动服务的工作模式根本不能使读者满意，传统的读者服务绝不能仅仅是借借还还和提供阅览。工作人员必须熟悉本馆和本岗位读者服务的基本知识、熟悉图书情报专业知识；要了解馆藏，掌握计算机基本操作，积极开展帮助读者查找文献线索、解答读者咨询、指导读者检索刊物和参考工具书以及新书导读等工作。

转型期的图书馆服务系统应是复合型服务系统，是传统的面对面服务与网络远程服务的有机结合，是传统的定点、定时、定量服务与网络不受时间、地点、数量限制服务的相互补充。转型期图书馆服务系统既能满足普通层次读者对信息的一般性需求，也能满足科研人员等高层次读者对科研信息的深度和知识含量的需求。传统读者服务与现代信息服务将长期共存。如何处理好传统服务与网络服务的关系，以更好地建立起复合型服务系统？

一是搞好传统服务。这是基础，也是目前广大读者最需要的。

二是开辟电子阅览室，开展电子文献服务。

三是开展网络服务，向网络用户提供信息资源和让用户享受网络资源。

三、数字化建设与队伍建设的关系

图书馆数字化建设的关键问题是队伍建设问题。许多图书馆往往是花大笔资金购入了先进的计算机设备、网络设备、软件和数据库，但因为馆员业务素质较低、工作能力有限，而使图书馆的数字化建设得不到有效开展。因此，建设一支思想政治素质和业务素质高、技术过硬的高素质专业队伍是图书馆面临的紧迫任务。图书馆数字化建设，需要一批精通计算机技术和网络技术的高级人才；图书馆开展定题服务、网络咨询、馆藏特色数据库建设、网络信息资源开发、学科导航等工作，需要一批专门从事现代信息服务的专业人才，他们不仅能够熟练操作计算机，具备很高的外语水平，而且掌握图书情报知识，具有文献信息检索和组织能力。在队伍建设中应考虑到，队伍结构一定要合理，包括其知识结构、年龄结构和职称结构。图书馆队伍建设不仅要引进人才，更要培养人才。图书馆管理者应转变观念，舍得在人才培养上投入资金；要为图书馆员创造培训、进修和继续深造的机会。此外，如何留住人才也是图书馆管理者必须面对的问题。没有营造出人尽其才、才尽其用的用人环境是图书馆人才流失的一个重要原因。图书馆应树立“以人为本”的管理理念，积极开展高层次的信息服务，让一些馆员多从事富有挑战性的工作，让他们有成就感。感情留人、事业留人、待遇留人是留住人才的有效途径。

四、馆际合作与资源共享的关系

图书馆之间的文献资源共享是图书馆开展广泛合作、共同开发和利用文献资源的必要途径。当前，由于文献购置费紧缺，文献价格逐年上涨，图书馆馆藏文献资源增长缓慢、文献保障率较低。通过馆际合作实现资源共享，可以扬长避短、优势互补、节约经费，并有利于各个图书馆文献资源的合理配置和充分利用。现代信息技术的发展为图书馆资源共享提供了先进的技术保障。目前，图书馆之间的资源共享方式主要有：特色馆藏体系建设、书刊协调订购、网络建设、联机检索与合作编目、数据开发与引进、网上文献传递、网络导航等。图书馆实现资源共享必须打破自给自足、各自为政的馆藏建设模式，从根本上摒弃大而全、小而全的思想；另外，馆际合作要树立共建、共知、共享的观念。没有共建就没有共知和共享，共享建立在共建、共知和互惠互利的基础之上。共享是共建、共知的目的。图书馆的馆际合作与资源共享是个体图书馆数字化建设的最佳途径，是各馆的现实选择。

五、公益服务与有偿服务的关系

图书馆一般是不向读者收费的，即使收费，也只是象征性的。但在图书馆转型期，数字图书馆的建设和维护都需要一大批高昂的费用，完全靠政府投入是不可能的。而且复合型图书馆中的一些服务功能和项目凝聚了馆员们大量辛勤的劳动成果，是他们智慧的结晶，如果不通过收费方式适当加以体现，势必会影响他们的积极性。

总之，传统的纸质图书馆与现代数字图书馆相结合而成的复合图书馆是未来图书馆发展的方向。从目前来看，复合图书馆主要是一些基础较好、具有一定规模、技术力量较强、资金比较雄厚的大中型图书馆。这些图书馆在现有的基础上，通过广泛采用信息技术、数字技术、网络技术，对传统图书馆进行改造、提升，增加和提高了数字化文献的比重，全面提高了信息化、网络化的水平。从整体上看，它们既保持了原有的外在形式、工作内容和工作方法，又采纳了数字图书馆的新形式、新内容和新技术；既保留了传统的文献采购、加工和管理方法，又采用了网络采购和计算机自动化管理等新技术；既继续收集、存储和传播纸质印刷型文献、缩微资料、视听资料，又收集、存储、传播网络信息资源，并且有计划地将某些特色馆藏文献转化为数字化文献，建立了特色数据库；既保留了传统图书馆的阵地式服务，吸引读者到馆阅读，又建立了电子阅览室和局域网、因特网，开展电子文献服务与远程服务。

从这些实际情况可以得出结论：共存互补、互惠互利是图书馆转型期的基本指导思想，传统图书馆与现代图书馆将长期共存。它们不是替代的关系，而是相互依存、相互促进的关系。如果没有传统纸质图书馆选择、收集和加工文献信息，现代数字图书馆中的信息资源就会匮乏；反之，如果没有现代数字图书馆提供新的信息环境，传统图书馆就不可能突破原有工作的局限，有限的馆藏资源就难以充分满足用户的需求，图书馆的发展就要受到限制。因此，现代数字图书馆是建立在传统图书馆之上的，同时又给传统图书馆提供了进一步发展的机遇。社会既需要实体图书馆，又需要虚拟图书馆，两者都不可缺少，只有二者共存互补，才是最佳选择。从目前来看，传统图书馆与现代图书馆各有自己的优势与局限性，谁也不可能代替谁，只有共存互补，才能获得最佳效益；只有共存互补、相互兼容、相互吸取优势，它们才能结合为一个有机整体。

二者具体的结合层次有以下几个方面。从文献信息资源来说，纸质文献、缩微资料、视听资料与网络信息资源复合，建立新的文献信息资源体系；从文献采访手段来说，传统采访方法与网络采访方法复合，建立新的采访系统；从文献处理来说，传统的手工操作与计算机编目、文献转化、数据库建设复合，建立新的文献处理系统；从服务对象来说，到馆用户与网络用户复合，建立新的用户服务体系；从服务手段来说，传统的借阅、检索、咨询与网络检索、电话咨询、网络咨询、网络传递复合，依托于新的网络服务手段。二者共存互补、相互促进，有利于图书馆事业的整体发展和升级，有利于更好地服务于社会。在未来相当长的时期内，图书馆将是一个充满活力与生机的复合体。

第三章

转型期图书馆业务工作

第一节　图书馆业务工作体系和工作流程

一、图书馆的微观结构

图书馆是社会信息传递装置之一，其微观结构是文献资源的有限性与用户信息需求的无限性之间矛盾运动的产物。按照著名信息学家申农的通信框图，我们可以对图书馆的微观结构作如下描述。

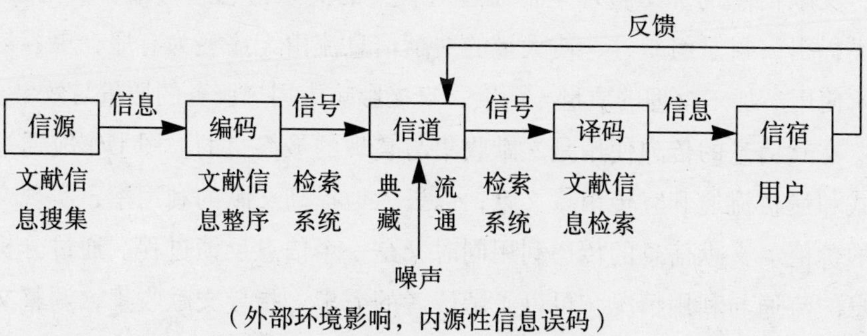

图3-1　图书馆结构与功能框图

图3-1可以很好地反映出图书馆的基本工作流程。图书馆工作可以分为两大类，一类是信息输入工作，即文献的搜集、整理和组织典藏工作，如文献的采集、登录、标引、编目、目录组织和保管等，最终构成图书馆文献资源体系，这一工作也称文献资源建设工作。一类是信息输出工作，即文献的使用和服务工作，如文献流通、文献宣传、阅读辅导、参考咨询、文献检索及

方法指导、网络信息导航等，也称用户服务工作（读者服务工作）。信息输入和输出工作共同构成了图书馆业务工作体系的主体。

二、图书馆业务工作体系

图书馆业务工作是以文献为工作对象，以传递文献信息为方法，以读者服务为目标的过程。从搜集文献到把文献传递给读者，这一过程中包括许多工作环节，各工作环节相互联系、相互制约，形成一个整体的、循环的图书馆工作体系。一句话概括，图书馆业务工作体系由文献的收集整理和文献的传递使用两大部分组成（见图3-2）。

图书馆业务工作体系是一个开放的、有序的系统。所有工作都围绕着文献的传递和利用而展开。收集整理是传递使用的前提条件，传递使用是收集整理的目的。

文献信息资源是图书馆的物质基础，也是图书馆开展其他各项工作的前提，离开了文献信息，图书馆的各项工作无法开展。图书馆业务工作的第一步就是按照本馆办馆方针，有计划、有科学、有系统地、有选择地收集文献信息资源。文献信息的质量和数量，决定和影响了图书馆服务工作的质量。

文献信息的加工整理是指通过对收集的文献信息进行编目、主题标引、分类标引、目录组织等，使大量的文献信息流由无序变为有序，更容易为用户所使用。加工整理的质量与深度，直接影响为用户服务的质量与效果。

文献信息的传递使用是文献收集与整理的最终目的，图书馆应通过多种方式和途径流通和宣传馆藏文献，以极大地提高文献的利用率，实现文献信息的价值。文献信息的传递利用同时又是一个信息反馈过程。通过分析文献信息的流通与利用情况，可以了解读者的需求，指导文献收集，调整文献的采访策略和范围，提高馆藏文献的质量，形成具有特色的文献体系，进而更好地为读者服务。

图书馆业务工作的各个部分、各个环节前后衔接、互相联系，上一环节的工作质量，直接影响到下一环节的有效进行。因此，每一道工序都应严格按工作程序进行，以提高整体工作的效率和质量。

- 图书馆业务工作体系图
  - 图书文献搜集整理
    - 搜集
      - 确定采购标准
      - 了解出版动态、书源信息
      - 听取专家和读者选购图书意见
      - 检查馆藏是否入藏
      - 订购、选购、邮购、委托代购、交换、接收、征集、复制
      - 排列订单、检查、催询
      - 验收
      - 打号、盖章
      - 登录
    - 加工整理
      - 验收
      - 查重
      - 分类
      - 编目
      - 主题标引
      - 技术加工
      - 目录组织
    - 典藏
      - 书库划分
      - 图书排架
      - 图书保护、清点、剔旧
  - 图书文献传递使用
    - 确定读者对象和原则
    - 了解读者需要
    - 提供服务
      - 流通推广
        - 外借服务
        - 阅览服务
        - 复制服务
        - 馆际互借
        - 馆外流通
        - 宣传辅导
      - 情报服务
        - 文献检索
        - 文献报道
        - 情报研究
        - 参考咨询
          - 接受咨询
          - 寻找资料线索
          - 系统地整理资料
          - 解答咨询
    - 收集服务效益
    - 评价

图3-2　图书馆业务工作体系图

三、图书馆业务工作流程

传统的文献收集整理流程主要包括以下几个方面，具体如图3-3所示。

- 图书预订采购；
- 验收登记；
- 标引（分类标引和主题标引）；
- 著录；
- 典藏；
- 流通。

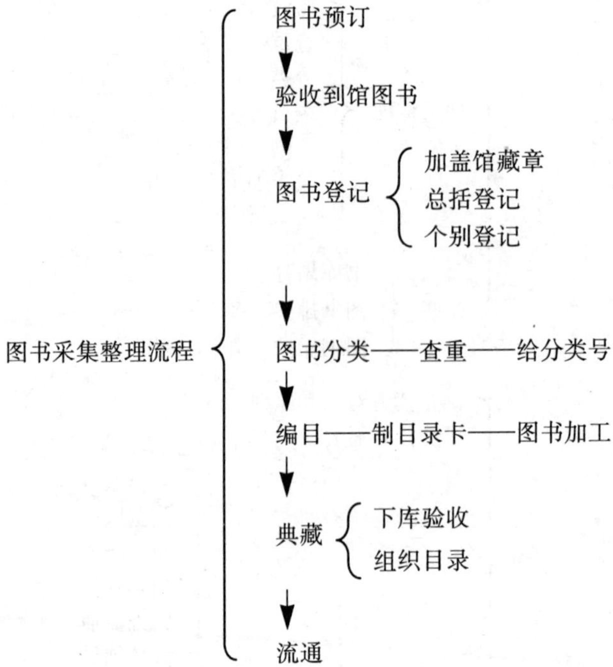

图3-3　图书采集整理流

第二节　图书馆业务工作基本原则

图书馆业务工作的基本原则，是图书馆开展业务工作的前提和基础，是图书馆实践的经验总结和理论概括。图书馆业务工作的基本原则是由图书馆工作的基本规律所决定的。

一、整体性原则

整体性原则主要体现在以下两个方面。一是图书馆的各项业务工作都必须以图书馆的整体目标和基本任务为中心，相互协调、相互配合。图书馆系统是由相互联系、相互影响的各部门（要素）组成的有机整体。整体性原则要求图书馆各项工作都要以图书馆的大局为出发点，统筹考虑，把各部门的具体工作纳入整体规划之中，使各工作子系统为实现总体目标服务。二是图书馆工作的各个环节相对独立，同时又相互联系，上一个工作环节是下一个工作环节的基础，下一个工作环节是上一个工作环节的继续，它们相辅相承，共同作用于图书馆的整体规划。例如，从书刊采编工作和读者服务工作方面来说，采编工作做得好，所购文献符合读者需求，编目和标引准确，读者很容易得到所需文献，读者服务工作质量就容易提高。为贯彻图书馆工作的整体性原则，体现整体效益，图书馆工作各子系统之间应该相互配合、相互协调，建立必要的反馈系统，以加强联系、确保沟通。

二、标准化原则

标准化是对于一定对象作出的共同遵守的规定。图书馆工作标准化就是用一系列规范化的标准来统一图书馆的各项工作。它是实现图书馆自动化和网络化的必要条件，是图书馆文献资源共建共享的基础。标准颁布实施以后，各图书馆必须通过各种手段和方式来推广应用这些标准，保证各项标准能严格得以贯彻执行。

图书馆业务工作必须遵循的标准主要有以下几个方面。

• 各种术语、标号、代码、字符集和拼写方法的标准。

• 文献信息描述及其格式的标准，如《文献汉语叙词表编制规则》（GB13190-91）、《文献主题标引规则》（GB3836-83）、《文献著录总则》（GB3792.1-83）及其分则、《文献目录信息交换用磁带格式》（GB2091-92）、以《中国图书馆分类法》为代表的一系列分类法等。

• 文献组织与交换的标准，如《文字条目通用排序规则》（GB/T13418-92）。

• 机读目录标准，如《中国机读目录格式手册》、元数据标准等。

三、合作与共享原则

各成员馆之间在文献采访、文献编目、文献利用等方面充分协作，互通有无，最终实现文献资源共享。

（一）馆藏建设

任何图书馆的经费都是有限的，不可能把所有的文献资料都收集齐全。为了提高图书馆的收藏数量和质量，用有限的经费购得更多的文献资料，避免文献重复与匮乏现象的发生，文献资源的合作共建是馆藏建设的必然。合作共建是指两个或两个以上图书馆联合起来进行采访。各馆根据自身收藏和服务的特色，确定文献采购方向，承担一定的收藏任务，实行分工购藏，进而建立分布合理、优势互补、各具特色且具有效保障的全国文献资源体系。

（二）合作编目

合作编目是若干图书馆分担编目工作、共享编目成果的一种编目方式，通常由一个中心图书馆负责组织和协调。随着计算机网络的发展，合作编目可以利用网络即时完成，网上各成员馆在编目时，可利用中央书目数据库中的全部或部分数据来完成自己的作业，同时上传本馆自编的数据。

（三）联网检索

各成员馆之间可以根据各自提供的动态反映文献管理状况的信息，了解网上文献并查询、获取所需的文献资料。其文献检索系统包括OPAC检索、书目数据库、特色数据库、全文数据库，等等。

（四）馆际互借

随着计算机技术和网络通讯技术的广泛应用，馆际互借是图书馆发展的方向和目标，是图书馆现代化的重要标志，也是网络建设最重要、最直接的目标。各个馆要积极参与馆际互借自动化系统的研制和开发，不断加强和完善馆际互借工作。

四、“以人为本”的原则

“以人为本”的原则主要是指图书馆工作必须以读者为中心。图书馆工作的目的是为了最大限度地满足读者对文献信息资源的需求，图书馆的各项工作都必须围绕读者需求来进行。“以人为本”的原则，既反映在信息收集和加工过程中，又体现在信息传递和咨询的方式里，图书馆的整个业务环节自始至终贯穿着人本位理念。其主要表现在以下几个方面。

（1）“读者第一”的理念。树立“读者第一，服务至上”的理念，处处为读者着想。

（2）为读者购书。认真调查和了解读者的需求，采购文献应以读者的现实需求和潜在需求为出发点。传统的图书馆以书为本，以保存为中心，现代化图书馆以人为本。书是为了用，而不是为藏，藏也是为了用。

（3）方便查检和利用。图书馆的服务要立足于给读者更多的方便，包括藏书的组织、检索的界面、开放时间以及一些细小的服务举措等，拒绝一切人为的障碍。

五、实用性原则

实用性原则是指图书馆业务工作从文献采购、标引、编目到读者服务等各环节，处处从读者的实际需求出发，使文献利用最大化，充分实现文献价值，以最合理的经费支出，达到文献的最高利用率。

（一）馆藏建设

根据本馆采编方针，制订切实可行的采访计划，并针对读者借阅情况和反馈意见适时更新，尽量做到重点与一般相结合，传统出版物与现代出版物相结合，以最大限度地满足读者需求。

（二）读者服务

根据本馆文献收藏总量和读者使用情况来决定文献加工的深度，以在读者服务过程中体现简单、实用的原则；文献布局要以方便读者使用为原则，实现全面开架或最大限度地开架，以充分体现灵活性与实用性；阅读室的装饰要能充分体现其功能，努力营造简洁、舒适而又实用的阅读环境。

第三节　图书馆文献资源建设与整理工作

一、文献资源建设工作

文献资源建设是指图书馆按照其基本任务，按照一定的原则和标准，有目的、有计划地开展各种文献资料的收藏工作，以最大限度地满足读者需求。

（一）文献资源建设的内容

文献资源建设的基本内容包括以下4个方面。

（1）根据本馆的性质、任务、读者对象、发展方向以及年购书经费指标的实际情况等，制定切实可行的文献资源建设原则、收藏范围、收藏重点和采购标准。并根据需要与可能，制定长远的文献资源建设规划。

（2）根据已确定的本馆文献资源建设原则、范围标准和计划，通过各种途径，及时、准确地选择和收集必要的文献资料。

（3）加强与本地区、本系统及其他图书馆的互相协作，切实搞好馆际文献协调工作。

（4）定期对馆藏进行检查和整顿，适时地剔除陈旧过时和失去参考价值的文献资料。

上述4个方面文献资源建设的基本内容是互相关联、相辅相承的，忽视或削弱其中的任何一个方面，都会直接影响收藏的质量。

（二）文献资源建设的原则

（1）实用性原则。该原则是指文献资源建设必须符合图书馆实际使用的需要。采集和收藏文献资料不是为收藏而收藏，而是为使用而收藏。收藏的文献只有符合实际需要，能在教学、科研、生产实践中发挥作用，才有作用和意义。

（2）目的性原则。图书馆有各种不同的类型，由于它们各自的性质和任务不同、服务对象不同、地方特点各异，因而收藏文献资料的范围和重点也就不同。文献资源建设必须有明确的目的性，防止盲目性。

（3）计划性原则。制订文献采集计划是搞好文献资源建设的重要环节。一个图书馆要在年终根据本馆读者的变化、科研发展情况、教学安排情况等制订出新一年的文献采集计划，并在实际工作中认真贯彻实施。

（4）系统性原则。系统性又称连贯性，它有两层意思：一是指重点文献的系统完整，二是指全馆文献相互联系，有比例，成体系。文献收藏的系统性和完整性是长期收集、系统积累而成的。系统性原则，是建立高质量文献收藏体系的关键。

（5）分工协调原则。图书馆之间资源建设的分工协调是图书馆事业发展整体性的需要，也是文献资源保存和共享的要求。馆与馆之间在文献补充方面既要有明确的分工，又要紧密地协作，以有利于合理地使用经费，有利于文献资料的合理分配，有利于文献收藏质量的提高，从而逐步形成各地区、各系统乃至全国的文献收藏体系，促进图书馆事业的发展。分工与协调的原则是资源共享在资源建设中的具体贯彻。

（6）发展与剔除原则。文献资源建设的发展是指新文献的增长，文献的剔除是指无使用价值的文献的代谢。新文献的增长与无使用价值的文献的剔除是文献资源建设发展过程中相互联系的两个方面。只有不断地充实新文献，文献收藏体系才具有生命力；只有不断地剔除过时的文献，文献资源建设才能健康地发展，有效地提供给用户使用。发展与剔除的原则，是辩证地对待资源建设、使图书馆文献收藏始终保持活力的关键。

文献资源建设的6项原则是一个互相联系、互相依存、互相作用、不可分割的整体，是图书馆进行文献资源建设的依据，也是文献采购人员进行文献采集必须遵循的准则。违背任何一项原则，都会破坏图书馆藏书建设及其发展规律。

（三）文献资源建设的方式方法

现代文献数量庞大、类型复杂、学科广泛且出版发行分散，文献补充必须采取多种渠道、多种途径、多种方法。一般来说，文献资源建设分为2种方式10种方法。

1. 购入方式

购入方式是指图书馆用货币向书刊销售系统购买出版物的方式。它包括预订、现场选购、委托代购、邮购和复制5种方法。

（1）预订

预订是指图书馆预先收集、选择、填写出版发行单位的征订目录、按预约计划订购出版物。预订出版物是图书馆有计划地补充藏书的最原始、最经常、最可靠的方法。《科技新书目》和《社科新书目》是订购自然科学和技术图书以及中文社会科学的重要目录。

（2）现场选购

现场选购是指图书馆采购人员直接到出版物销售处现场选购书刊。随着政府采购力度的加大，现场选购的方式越来越多。现场选购的优点是能面对文献，直接鉴别书刊的内容，简便迅速，避免预订中的一些麻烦手续。另外，一些漏订的、预订不足的文献以及需要临时补配的文献都可以到书店、书市、出版社及有关单位进行现场直接选购。

（3）委托代购

委托代购是指图书馆委托他人选购所需要的文献资料。委托代购有以下两种形式。一种是临时性代购，即委托本单位非购书人员带上书目到外地、外单位选购书刊。还可委托出国人员或外文书店采购人员代购国外有关的外文书刊资料。另一种是长期性相互代购，即委托兄弟图书馆采购人员按一定的书目范围与数量代购当地出版物。

（4）邮购

又称函购，是指图书馆采购部门直接与有关单位（新华书店、出版社等）图书经销部联系，按照开列的书目或范围数量方面的要求，采用邮寄托运的方法，补充外地、外单位的文献资料。邮购是预订和直接选购的辅助性方法。其优点是能直接获得出版物，缺点是增加了邮费，且可能出现丢失问题。

（5）复制

即采用多种复制方法，补充罕缺书刊复制品，代替原版书刊为读者所使用。复制方法包括抄录、静电复印、照相复制、缩微复制和光盘复制等。凡馆藏缺乏，经过预订、选购、邮购都无法获得的急需的书刊资料，包括绝版书、孤本、善本书、缺漏的报刊、其他连续出版物以及重要的内部资料等等都可以通过以上方式进行复制。复制是获得珍贵文献和罕缺资料的重要形式。

2. 非购入方式

非购入方式是指采用多种方法免费或用少量经费获得各种文献资料。它是广开途径、扩大馆藏文献的重要方式，主要有以下5种方法。

（1）呈缴

呈缴是正式出版物法定缴送制度。根据出版法规定，凡正式出版社出版的任何一种新出版物，均应向国家或地方政府指定的图书馆等单位缴进一定数量的样本。这种法定缴送的书，称为呈缴本。在国际图书馆界，文献呈缴制度有多种作用：一是保护了作者的著作权，二是保证了出版物的检查，三是保障了国家出版物的贮存，四是保证了编制国家出版物书目的通报。在国外这项制度执行得非常好，我国这方面的工作还有待进一步加强。

（2）调拨

接收调拨是无偿获得大宗文献、快速增加馆藏量的最佳途径，尤其是新建馆和基础薄弱馆补充大宗文献的有效方法。调拨单位与调拨性质有三种类型：第一种，变动撤销单位或无保存文献任务的单位将所收集积累的文献移交给有关图书馆保存利用；第二种，基础雄厚的图书馆将部分文献支援给基础薄弱或新建的图书馆；第三种，有大批多余复本和积压品种文献的图书馆将部分有价值的文献调节调拨给缺藏的图书馆。

（3）征集

征集主要是指对于非正式出版单位出版的内部文献资料，采取主动发函或上门访求的方法，有针对性地进行征集，也可以通过报刊广告或征书启事的办法征集有关文献。征集的对象主要是政府机关、学术团体、厂矿企业、学校、科研单位和商业部门等非正式出版单位。征集的内容，主要是内部资料、学术论文、科研成果，实验总结以及产品样本、目录价格表等各种非正式出版物。

（4）交换

交换是指两个以上图书馆之间以及图书馆与其他文献情报单位之间直接开展交换，或通过协调机构间接开展交换，以达到互通有无、调剂余缺、丰富馆藏的目的。交换是获得内部资料和珍贵文献的重要方式之一。文献交换可分为国内交换和国际交换两种。

（5）赠送

接受个人或团体赠送也是丰富馆藏的重要方法之一。赠送又称捐赠，大致有以下4种类型。一是作家、学者、知名人士及藏书家等，在他们晚年或去世后，将其著述和稀世珍藏赠送给有关图书馆。二是国外一些知名人士和社会团体常常向我国图书馆赠送大批珍贵的文献资料。三是出版者主动将出版物捐赠给图书馆，以扩大和推广出版物的宣传和流通。四是作者在著书过程中，得到图书馆的帮助，或作者与图书馆有着较密切的关系，在图书出版后，主动捐赠给图书馆以表谢意及纪念。

（四）正确处理文献资源建设中的几种关系

图书馆的文献是长期积累而成的。文献收藏体系的形成，往往需要长时间的积累才能见效。形成科学的藏书体系，不仅可以使图书馆具有本馆特色，而且能更有效地为读者服务。要搞好文献资源建设，就要在基本原则的指导下，正确处理好以下5个方面的关系。

1. 重点文献与一般文献的关系

由于具体情况不同，出版物种类千差万别，任何图书馆都不可能也没有能力对不同的文献等量齐观、兼收并蓄，而必须区别对待，这就有了重点与非重点之分。重点收藏要求系统、完整、全面、及时。在抓好重点收藏的同时，也要兼顾读者多方面的需要，有选择地补充一般性的藏书，发挥图书馆的多种职能和作用，特别是公共图书馆。重点与非重点，既要看到它们的相对稳定性，又要随时注意它们的相对转化性。

2. 数量和质量的关系

总的来说，要数量、质量并重，在选择文献时，既要强调质量的同时，也要注意数量。一个图书馆没有基本数量的藏书，质量也就无从谈起。因此，要在保证数量的前提下追求质量。

3. 品种与复本的关系

正确处理品种与复本的关系，是贯彻节约经费、提高收藏质量的重要方面。经费有限，品种和复本之间总是存在一定的矛盾。要处理好品种与复本的关系，必须因时、因地、因书、因馆制宜。

4. 当前需要和将来需要的关系

满足当前需要，是图书馆为读者服务义不容辞的职责。但事业总是发展的，而文献资料总有一个积累过程，不能临渴掘井，必须有一定的眼光和规划，恰当安排各类书籍的比例。

5. 补充文献和剔除文献的关系

补充和剔除文献，是图书馆文献资源建设中两个不可分割的方面。不断地补充文献、充实馆藏，是图书馆不断满足读者对文献日益增长的需要的物质基础。对馆藏进行经常性的检查和剔除，则是提高文献收藏质量的重要保证。

二、文献整理工作

（一）文献登录

图书馆通过各种方式获得各种文献以后，接下来的工作就是文献登录。文献登录有两种，即个别登录和总括登录。个别登录一般是按每册文献（或每个光盘、录像带单元）进行的，每册文献给一个号码，作为该册文献的财产登录号。个别登录要将每册文献的书名、责任者、版本、书价、来源，以及登录号码等逐项记入“文献财产登录簿”。个别登录是检查每一册文献入藏历史的重要依据，根据它可以查清每一册书的入藏日期、来源、价格及何时被注销和注销的原因等。总括登录是按照每批入藏文献的验收凭证（如发票、收据、拨交或赠送文献的目录等）或者每批注销文献的批准文据，分别将每批文献的总册数、总价值、各类文献的种数、册数等登入图书馆藏书总括登录簿。通过总括登录，可以了解和掌握全馆文献的总册数、总价值、来源、去向、实际藏书量及各类文献的入藏情况，等等。两种登录制度，虽然对文献做的是双重登记，但工作并不重复。总括登录回答图书馆收进、注销和实存文献的总数和总价，起藏书总账的作用；个别登录只具体反映收进和注销的个别文献，它起明细账的作用，也就是图书馆藏书的清册。

（二）分类标引

分类标引是依据特定的分类法和分类规则，按信息资源内容的学科属性赋予分类检索标识，揭示和组织信息资源的过程。分类标引可将内容相同的文献集中在一起，将内容不同的文献区别开来，从而使馆藏文献在内容上构成一个有条理的逻辑体系。

分类标引的作用是多方面的，它既可作为排列组织文献、编制分类目录和各种书目的依据，也可供图书馆进行工作统计、新书宣传、参考咨询、文献检索工作时使用，最重要的是，它是用户检索文献的重要途径。所以，文献分类是图书馆业务工作中的一项很重要的工作。

分类标引的主要工具是文献分类法。它通常由类目、号码、正表、附表、说明和索引等组成。目前，我国使用较为广泛的分类法是《中国图书馆分类法》(第4版)(第5版于2010年正式推出，一些大中型图书馆业已采用)。此外，《中国科学院图书馆图书分类法》、《中国人民大学图书馆图书分类法》也都在一定范围内使用。国外较著名的分类法有《杜威十进分类法》、《国际十进分类法》和《美国国会图书馆分类法》等。

分类标引要求确认文献、归类正确和前后一致。因此，在分类过程中，分类人员要对文献的内容、文献的实际用途等进行综合判别，然后将其纳入到图书馆所采用的分类法体系中去，这是一项具有较强科学性的业务工作。做好这项工作，要求分类人员熟悉和掌握所采用的分类法，并且要有一定广度和深度的背景知识。

（三）主题标引

主题标引是在主题分析的基础上，以一定的词表或标引规则作为依据，将信息资源中具有检索意义的内容特征转换成相应的主题词，并将其组织成表达信息资源内容特征的标识的过程。主题标引和分类标引一样，都是从文献资料的内容出发来揭示图书馆的文献资料，但二者的角度不同。分类标引主要是根据文献内容的学科性质，以类目名称和分类号来揭示和组织文献资料的。主题标引是根据文献内容所涉及的主题概念，以主题词来揭示和组织文献资料的。

主题标引的一般方法，是根据文献资料所涉及的主题，在主题表上找出适合于这个主题概念的主题词（标题法或叙词法），或者从文献的标题等处抽取反映文献主题概念的词汇（关键词法），作为文献标识和检索的依据。

主题标引的最终目的在于满足用户的主题检索要求。因此，主题标引要求揭示准确、反映充分和前后一致。

（四）文献编目

文献编目是根据一定的标准与规则，对文献的内容与形式特征进行分析、选择、记录，编制成款目，并将其按一定的原则与方法组成各类目录的过程。

1. 文献著录

分类和主题标引是揭示文献内容的主要手段，文献著录则是揭示文献形式的主要手段。文献著录是按照一定的著录规则，对文献的内容特征和形式特征进行分析、选择和记录的过程。文献著录要求能够依据该文献特征准确无误地确认该种文献，以提供查找文献的准确线索。我国目前广泛采用的编目规则是《中国文献编目规则》，它是以《国际标准书目著录》（International Standard Biliographic Description，缩写为ISBD）和我国文献著录国家标准为依据，结合我国文献编目的传统编制而成的，同时力求与《英美编目条例》（Anglo-American Cataloging Rules，缩写为AACR）第二版相统一，使我国的编目规则与国际接轨。文献著录中，用于揭示文献外表形式、物质形态及内容特征的描述性说明称为著录项目。基本文献著录项目有题名和责任说明项、版本项、文献特殊细节项、出版发行项、载体形态项、丛编项、附注项、文献标准编号及有关记载项、提要项等。把这些著录项目按照一定的规则和形式组织成的一条文献记录，即著录和标目的结果，形成一条款目。款目按其性质划分，有题名款目、分类款目、责任者款目和主题款目4种。

2. 机读目录

传统上，图书馆的目录是手工编制而成的，采用的是卡片目录或书本式目录。目前，图书馆广泛采用了计算机进行文献的编目工作，形成的目录为机读目录。

机读目录即机器可读目录（Machine-Readable Cataloging，缩写为MARC），中文叫“马克”。它是以代码形式和特定结构记录在计算机存储介质（磁盘、光盘等）上，用计算机识别、处理、编排和检索的目录形式。计算机编目也就是利用计算机、按照文献编目规则和机读目录的格式编制机读目录的过程。中国机读目录格式（China Machine-Readable Cataloging，缩写为CNMARC）于1996年正式实施，它采用字段形式作为著录项目，每一条数据记录可提供比卡片目录更为详尽的著录信息和全面的检索点，能完全涵盖卡片目录的功能。计算机自动排序，可组成多种目录，一次输入，多次输出，且可输出各种卡片款目和书标。机读目录最大的优点是具有多种检索功能，不仅可以在馆内现场检索，还可以进行网上检索，实现资源共享。由于机读目录的产生，图书馆的各项业务工作都比传统编目时更加便利。机读目录在图书馆的采访、编目、检索和读者服务中都起着非常重要的作用。卡片目录是机读目录的基础，机读目录是卡片目录的延伸和发展。尽管目录的载体、形式不同，但共同的作用都是反映馆藏信息，都是检索工具。

3. 元数据

随着网络的不断发展，网络上信息资源正呈不断增多的趋势。但随之而来的问题是，人们发现在海量的信息环境中，信息的查找和检索变得越来越困难。网络上充斥着各种各样的信息，但人们却不知道究竟该怎样才能找到自己所需要的信息。为了有效地解决查找网络资源这一问题，元数据（metadata）这一概念被提了出来。元数据也被称为“关于数据的数据”，它是专门用来描述数据特征和属性的，它包含的数据元素集是用来描述一个信息对象的内容和位置的，以便能在网络中方便地查找和检索。创立一个简单的、并且在网络中为各个用户团体所接受的标准化元数据元素集，成为了网络发展的迫切需要。1995年3月，在美国俄亥俄州的都柏林召开的第一届元数据研讨会上，产生了一个精简的、包含13个元素的元数据集——都柏林核心元素集（Dublin Core Element Set，缩写为DC），简称为“都柏林核心”。它由于具有简练、易于理解、可扩展，以及能与其他元数据形式进行兼容等特性，而成为了一个良好的网络资源描述元数据集。

4. 目录组织

目录组织是将一批款目按一定的原则和方法组织起来，使之形成一个有机整体，成为揭示、报道馆藏文献的检索工具。它的完整意义在于：组成各种具有不同功能的目录，使整个图书馆等信息机构的目录构成一个相互联系、相互协调的有机整体，即构成目录体系。

图书馆目录是按特定原则和方法组织起来的、反映图书馆馆藏文献特征的款目（或记录）的集合体。它是一种揭示、识别、检索和管理馆藏文献的工具。其组织排列方法主要有字顺组织法和学科系统组织法，具体有题名目录、责任者目录、主题目录和分类目录等。

目录是由一条条的款目组成的。款目是组成目录的最小单位。没有著录便没有款目，没有款目便不可能有目录；有了款目，如不加以组织，仍然起不到目录的作用。因此，图书馆编目工作的基本过程是：先对文献进行著录，制作各种款目，然后对各种款目进行组织，把款目联结成一个整体，形成图书馆目录体系。

（五）文献布局

文献布局是指把馆藏信息资源按照学科性质、用户群体、功能用途、载体形式、文献类型、服务方式、利用效率等特征，划分成若干部分，建立各种功能的空间结构，使每一种馆藏资源都能安排到最适当的存放位置和利用场所，最大限度地满足用户需求。大型图书馆一般要把所藏的文献资料划分为几个不同的部分，例如，图书与期刊、缩微文献与光盘文献、旧平装书与线装书、普通古籍与善本古籍等，在馆藏文献划分的基础上，组织成不同用途的书库。

首先是设立基本书库，这是全馆的总书库。另外还设有与服务机构相适应的辅助书库。有些大型图书馆，还根据出版物类型的特点和特殊用途单独设立特藏书库。为了保存馆藏文献和满足用户的急需，有些馆还将每一种图书，抽出一册作为保存本，并设置保存本书库。保存本除特殊需要外，一般不外借，供特殊需要者在馆内查阅。

展现给读者的两种最主要的文献布局方式是开架式布局和闭架式布局。开架式是指允许读者进入流通书库，直接在书架上挑选自己所需文献的文献布局方式。其布局要求是方便用户，因此存放的是利用率最高的文献。其优点是可实现对读者的引导，提高其阅读的积极性；扩大文献的有效利用范围，降低文献的拒借率，提高借阅效率和借阅质量；方便了读者，节省了读者的时间。其缺点是文献乱架现象严重，大大增加了工作人员上架整架的工作量；文献损耗明显增加。闭架式是指不允许读者入库和在架上选书，而必须通过工作人员提取才能借阅的文献布局方式。其优点是文献整洁有序，工作人员上架、整架的工作量小，错架率低，且能最大限度地利用书库空间。其缺点是用户无法直接利用馆藏资源，工作人员要花费大量时间为用户找书，劳动量大、工作效率低。开架式布局和闭架式布局各有长短，随着“用户第一”服务理念在图书馆的进一步推广和应用，全方位开架式将是图书馆信息资源布局的主要方式。

（六）文献排列

文献排列又称文献的排架，它是将馆藏文献有序地排列在书架上，并形成一定的检索系统，使每一种文献在书库的书架上都有固定的位置，图书馆工作人员及读者能准确地按这个位置取书与归架。

文献排架的次序一般是自上而下、自左至右，文献沿书架呈S形走向。

1. 馆藏文献排架的目的和要求

为了达到方便检索、存取和利用馆藏的最佳效果，图书馆馆藏文献必须进行科学的排架。一般说来，应该遵照以下5个方面的要求。

（1）便于检索和利用，能简便迅速地取书及归架，节省人力和时间。

（2）便于读者系统地选择使用馆藏文献，也便于图书馆工作人员通过书架直接了解和掌握文献的入藏情况，熟悉和研究馆藏。

（3）建立清晰准确的排架标志，减少排架误差。

（4）充分利用书库空间，尽量避免倒架的麻烦。

（5）有利于对馆藏文献进行管理，便于清点和剔除馆藏文献。

在实际工作中要完全达到上述要求是比较困难的。在排列馆藏文献时，我们应该根据不同的情况，选择适合不同文献类型的排架方法，尽可能兼顾各方面的要求，以求得内容系统与形式简便的最佳结合。

2. 文献排架的方法

按文献的特征标志，文献排架方法可分为两种类型。一种是以文献的内容特征为标志的内容排架法；一种是以文献的外在特征为标志的形式排架法。

（1）内容排架法

内容排架法是指以文献内容特征为排架标志而进行文献排架的方法，一般又分为分类排架法和专题排架法。

① 分类排架法，是指按照文献本身内容的学科体系排列馆藏文献的方法。由于这个体系与图书分类法体系相一致，因而分类排架就是指将馆藏文献分门别类地按图书分类号顺序排列，把同一类号的文献集中排列在一起，同一类号下的不同文献再按书次号排列。排架时先按分类号顺序排列，分类号相同的，再按书次号排列。

分类排架法在众多的排架法中运用得最为普遍。它有许多优点，具体表现为以下4个方面。

第一，能使馆藏文献按学科门类集中在一起，成为一个有内在联系的科学体系；

第二，便于图书馆员系统地熟悉馆藏文献，研究馆藏文献，为调整馆藏提供依据；

第三，便于图书馆员从书架上找到同类文献或内容相近的文献，达到宣传推荐文献、有效指导阅读的目的；

第四，便于读者直接在书架上按类索书。尤其是开架书库，读者可以从书架上找到同类书或相近类的书，以扩大其借阅范围。

分类排架也有以下一些明显的缺点。

第一，为了集中同类型的文献，排列文献时，必须在每类馆藏文献的后面留下书架空位，以便排列新增的馆藏文献，因而书架不能排满，造成空间浪费；

第二，当新的文献大量增加，某些类别的馆藏文献排架饱和而无法再排进新增文献时，则需要调整书架甚至书库，进行倒架、倒库工作，增加了劳动强度；

第三，由于分类排架号码繁杂，排架归架速度较慢，检索时也容易出错，一旦排错位置，则会造成“死书”现象。

② 专题排架法，是指将文献按专题范围划分并组织排列起来的方法，通常具有专架陈列、专架展览的性质。它与分类排架法不同，分类排架是将文献按学科体系纵向展开，专题排架则是将文献按横向范围集中，打破了学科

隶属界线，将分散在各个小类，甚至大类下的同一专题的文献集中在一起。对于从事专题研究的用户，这种排架便于他们快速获得与某一专题有关的各方面的资料。

专题排架法一般只作为临时性排架。各专题之间也没有必然联系，因此，专题排架法机动灵活，适应性强，通常在需要的时候用来宣传某个专题的馆藏文献，不用于排列大量的基本馆藏文献。

（2）形式排架法

形式排架法是指按照文献的外部特征来进行文献排列的方法，主要包括登录号排架法和字顺排架法等。

① 登录号排架法，是指按文献登录号（文献入藏的先后顺序）的顺序来进行排架的方法。

② 字顺排架法，是指依据一定的检字方法，按照文献的题名或责任者名称的字顺排列馆藏文献的方法。中文文献通常采用笔画笔形法、汉语拼音字母法来确定排架顺序；外文文献通常按文献的题名或责任者的字母顺序排架。

③ 年代排架法，是指按文献的出版年代顺序排列馆藏文献的方法。年代排架法是一种辅助性组配排架的方法，一般同登记号排架法或字顺排架法结合使用。该排架方法是按出版年代顺序排列的，年代越早排得越靠前；同年代的则按文献的字顺号或登记号顺序排架。这种排架方法能够反映文献出版时间，有助于馆藏文献的剔除。近年来采用这种排架法的图书馆越来越多。

④ 书型排架法，是指按文献的外型特征，分别排列特殊规格或特殊装帧的书刊资料，是一种辅助性组配排架法。

⑤ 语文排架法，是指按文献本身的语言类别，排列各种外文文献，是一种辅助性组配排架法。它与分类、字顺排架法同时使用，首先将馆藏文献按文种区分，然后将相同文种的文献按照分类、字顺或其他号码排列。

⑥ 地区排架法，是指按照文献出版或文献内容涉及的国家、省、市、自治区名称排列馆藏文献的方法，主要用于地方志等的排架。它也是一种辅助性的排架法。

3. 几种主要文献的排架

上述文献的排列方法各有自己的优缺点。因此，在文献排架实践中，应针对不同的文献采用不同的排架方法，通常是将几种方法结合使用，以便最大限度地发挥各种排架方法的长处，克服各自的局限性。

（1）中外文普通图书的排列

一般采用分类与字顺（著者字顺、书名字顺）或分类与序号（种次号）组配，以分类著者号、分类书名号、分类种次号为排架号。其中，分类种次号比较简单，容易掌握，工作效率高，但不能集中同一门类中同一著者的著作。分类著者号则可以集中同一门类中同一著者的著作。因此，这两种排列方法较多地被图书馆采用。

（2）期刊的排列

期刊的排架与图书及其他类型的文献有所不同，且现刊和过刊的排架也有差异。一般地说，现刊宜采用开架陈列，排架方法则采用分类、字顺或刊号顺序并用的方法。例如在现刊品种较少的图书馆，则可以直接按刊名字顺或期刊本身的刊号排列；在期刊品种多的图书馆，则应该先把期刊按大类粗分，再按刊名字顺或期刊本身的刊号排列。

对于过刊，首先按不同文种分开排架。同文种过刊通常采用以下4种方法：一种是刊名字顺排架法，即先按刊名字顺排列，同种期刊再按年、卷顺序排列；一种是登记号排架法，即按过刊合订本的个别登记号顺序排列；一种是分类刊名字顺排架法，即先按学科把过刊分类，同类刊再按刊名字顺排列；第四种是分类种次号排架法。一般图书馆使用较广泛的是刊名字顺排架法，因为读者查找期刊时，多按刊名查找。

（3）资料的排列

对于资料，一般采用登记号顺序排架法。内部资料和零散资料，篇幅少、装订简单，但数量很多，出版形式多种多样，应装入资料盒或资料袋中，采取登记号顺序排架。对于专利说明书、科技报告、技术标准等特种文献资料，因原来就标有各自的专利号、报告号、标准代号，而且读者一般也是按这些编号查找文献的，所以，图书馆可以按这些文献的原有编号顺序排列。缩微胶卷、磁带、磁盘、唱片等资料需存放在盒内，按顺序编号，实行固定排架。

（4）特殊版型图书的排列

对于大开本书、图表、卷筒等特殊版型的图书，采用书型排架法和其他排架法配合的方法。一般是先分成各种类型，以不同字母标示出书型，然后再在同一类型中按登记号排，由书型号和登记号构成该书的索书号。

（七）文献保护

文献保护是图书馆馆藏文献管理的基本任务之一，是一项专门技术。对于纸质的图书、报刊来讲，包括书刊装订、修补、防火、防潮、防光、防霉、防虫及防止机械性损伤等；对于缩微资料、视听资料，其保管条件要求更为苛刻，通常要求在恒温、恒湿的条件下精心保存，才能有效地延长其使用寿命。此外，文献保护工作还包括馆藏清点，清点的过程也是检查馆藏文献保护情况的过程。

第四节 图书馆业务工作自动化

一、图书馆自动化的概念

自动化一般是指采用能自动调节、检查、加工和控制的机器、设备进行生产作业，以代替人工直接操作的措施，是机械化的高级阶段。图书馆自动化是指以计算机技术为主体，利用通信技术和高密度存储技术，对图书馆工作的各个环节，如采访、编目、流通、检索、管理等实行程序控制下的自动管理，从而提高图书馆的工作效率、减轻工作人员的劳动量、加速文献流通速度，向用户提供更多的信息。图书馆自动化主要表现在以下5个方面。

（一）数据处理自动化

对采购、分编、流通、检索、行政事务等数据进行统计，可根据不同需求打印出统计报告。

（二）数据输入、输出标准化

图书馆自动化系统设计的各种格式都以标准化为依据，实现高速数据处理和数据输入、输出，也便于数据应用。标准化输入、输出是实现图书馆自动化的可靠保证，是实现资源共享的前提。

（三）业务管理自动化

通过自动控制，对采购、分编、流通、检索服务等环节所涉及的数据进行一次输入，多次利用，从而减少业务工作中的重复劳动，提高工作效率和服务水平。

（四）信息资源数字化

现代化环境下，图书馆文献信息资源不仅仅是传统的印刷型文献，而且还包括各种数据库、电子出版物及网络文献等数字化文献。数字化文献在馆藏中的比重越来越大。

（五）信息传播网络化

通过网络，任何一台联机终端的用户无论何时何地都可以得到图书馆网络资源服务。

二、图书馆自动化发展阶段

图书馆自动化发展大致经历了三个阶段：图书馆自动化集成管理系统发展阶段、图书馆在网上进行全球性、整体化的电子文献信息服务的阶段和数字化图书馆阶段。

（一）图书馆自动化集成管理系统发展阶段

MARC是机读编目格式标准（Machine-Readable Cataloging）的缩写。1966年，美国国会图书馆正式设计出世界上第一个机读目录格式MARC-I。1967年，MARC-II问世。问世以后，MARC在北美得到广泛应用，开创了书刊机读目录在世界上正式使用的新时期，使图书馆正式步入了自动化阶段。20世纪70年代，北美有数百个图书馆利用MARC机读目录进行自动化的编目作业，大大节省了员工的劳动时间，而且大大提高了编目质量。1972年，国际图联“内容标识符工作组”制定了国际机读目录格式（Universal MARC Format，缩写为UNIMARC）。各国也相应推出了本国的机读目录格式，如英国机读目录格式（UKMARC）、日本机读目录格式（JMARC）、中国机读目录格式（CNMARC）等。本阶段图书馆自动化的另一项重要工作是建设图书馆计算机集成管理系统。图书馆计算机集成管理系统的基本模块包括文献采购、文献编目、文献流通、期刊管理、公共查询等，初步实现了图书馆工作各环节的计算机化。用户可以利用联机检索的方式查找所需文献的信息，又可用脱机方式共享其他图书馆的文献资料。

（二）图书馆在网上进行全球性、整体化的电子文献信息服务的阶段

20世纪80年代前后，以CD-ROM光盘和局域网开始在图书馆得到应用为主要标志，人们可以在图书馆、办公室甚至家中远程访问图书馆的机读目录和单位局域网的光盘数据库。特别是20世纪90年代，因特网在世界的迅速普及，将图书馆网上电子信息服务推向了全球性服务的新阶段。万维网服务器可以提供文本、图形、声音、运动图像和多媒体资料查询，数字图书馆的雏

形开始出现。

（三）数字化图书馆阶段

关于数字图书馆还有很多争论，但它确实已经存在，并成为图书馆自动化发展的最高阶段。这个阶段的图书馆要组织数字信息及其技术进入图书馆并提供有效服务，图书馆的各类信息均能以数字化的形式获得，信息资源数字化是其最根本的特征。数字化图书馆阶段信息的传递以网络化为手段，以多种信息技术为支撑，图书馆用户获得的不仅仅是本地图书馆的信息，还包括网上虚拟链接的数字图书馆。

图书馆自动化的这三个阶段不是截然分开的，而是部分交叉重合的，前一阶段为后一阶段作技术储备。伴随着技术的发展和需求的增加，由前一阶段向后一阶段逐步过渡。

三、图书馆自动化集成管理系统

对图书馆工作系统进行分解，一般可将它划分为文献采访子系统、文献编目子系统、流通管理子系统、联机检索子系统、连续出版物管理子系统和参考咨询子系统6个基本子系统。建立能完成这些子系统功能的计算机集成管理系统，即完成对图书馆工作流程的自动化管理，是图书馆自动化的主要任务。

图书馆自动化集成管理系统的处理对象有两大类：文献资源和文献资源的使用者。文献资源包括图书、连续出版物、特种文献、电子资源等图书馆收藏的各类文献。文献资源的使用者即图书馆的用户。

图书馆集成管理系统各子系统的结构与功能如下。

（一）文献采访子系统

文献采访管理子系统，是指由计算机参与处理图书馆的采访事务。该系统的功能是：订购文献业务的处理，如查重、建立订单文档、打印催书单等；文献账目的打印及各种经费使用报告单等。文献采访子系统包括订购管理、验收登记、经费管理、赠送交换、统计及生成报表等功能模块。

（1）订购管理，包括馆藏与订购文献的查重、订购管理等。查重是利用存储在计算机系统中的本馆馆藏目录数据库中的数据，将馆藏目录数据库中的记录与订购单上欲订购的文献加以对照，以确定本馆是否已购该文献。订购查重时可从文献的题名、责任者、ISBN等途径入手检索。对于“订购中”

的文献，则提供订购号、发行者、订购日期、出版日期等字段的查询。该模块还具备打印订单、订购催询，进行发行者的管理等功能。

（2）验收登记，包括验收、个别登记、总括登记、打印总括登记表、增加和修改订购信息及记录、自动录入条码号等子功能。

（3）经费管理，有预付款管理、实付款管理、经费使用报告等子功能。控制、管理经费使用情况和有关单据，以及与发行者的财务往来，对经费支出进行有效记录。采访管理人员可以及时了解经费使用情况，并根据需要及时进行调整。

（4）赠送交换，是指对交换往来及各种赠送的文献进行登记、移交、签订交换关系及管理。

（5）统计及生成报表，包括预订文献、到馆文献统计、接收统计、赠送统计，并生成上述各种统计报表。系统还可进行预订图书的分类统计、书商统计、语种统计、文献类型统计、财产统计、经费统计等。

（二）文献编目子系统

编目子系统依照机读目录标准及相关规范，建立图书馆中央书目数据库和预编库，提供编目过程中有关查重、数据输入、卡片输出等功能。

（1）编目查重，即在分编库、中央书目数据库中，核查待分编文献是新文献，还是复本。如果该文献为复本，则对旧有书目数据中该文献件数、财产号、条码号等进行修改、追加；如为新书，则进入下一程序。

（2）编目建库，即按照机读目录格式与著录格式，在预编库中对新文献分批进行编目。系统一般采用窗口形式向编目人员提供有关著录字段（相当于手工卡片中的著录项目）的标识，且提供标准的中国机读书目格式供编目员选择和参考。编目人员将待编文献的信息著录在相关字段的空格中。每一种文献的信息构成目录库中的一条书目记录，众多的文献目录信息记录就构成了图书馆的书目数据库（相当于传统的图书馆卡片目录）。预编库的书目记录在该批分编文献移交典藏部门验收确认后，即可添加到中央书目数据库中去。

（3）编目查询，即通过文献目录编号、ISBN、分类号、题名、责任者、主题词、索取号等途径，以全屏幕机读格式显示查询结果，辅助编目人员的编目工作。

（4）输出目录产品，包括卡片目录、书标、书本式目录、机读目录等。

（5）编目统计，包括个人工作量统计、全体工作量统计、分编库记录分类统计与分编库记录状态统计、总书目库记录分类统计与总书目库记录状态统计等。

（三）流通子系统

流通子系统使用条形码作为文献与用户的识别符号，用光笔等识别仪器快速处理借、还等文献流通业务。流通子系统由于直接与读者接触，因而在图书馆中的地位十分重要。它处于图书馆的第一线，其运转情况直接反映出馆藏建设的质量、读者满意的程度、服务质量和科学管理水平等。所以，实现流通工作的计算机化、建立一个高效而稳定的流通管理自动化系统至关重要。流通子系统包括：文献流通事务管理、流通管理查询、用户管理、统计报表生成与打印等。

（1）文献流通事务管理，主要有文献外借、文献归还、续借、预约借书等。

文献外借，即通过光笔读入用户借书证号及文献条码号，给用户办理借阅手续。它能迅速将文献、借阅人、借阅日期等信息连接在一起，并显示有关的统计数据，如用户已借阅文献情况等。

文献归还，即利用光笔读入文献条码号，将用户欲归还的文献作注销处理，并修改有关数据，如归还人数、归还文献册数等。对过期文献按罚款规定计算罚金，并打印罚款单。

续借，即为用户办理续借手续。

预约借书，即在预约文档中，为预约者建立包含被预约文献、预约人和预约日期等信息的记录。在该文档中，对于同一被预约的文献，按预约日期的先后次序进行排队。

（2）流通管理查询，包括文献预约查询、文献借阅查询、用户预约查询、用户借阅查询、日志查询等。其中，日志查询指通过日志文件查询某一段时间内某操作人员或外借处（阅览室）的文献流通情况。

（3）用户管理，包括用户档案管理和用户流通管理。用户档案中记录用户姓名、性别、年龄、单位、职务或职称、借阅证号码等内容，可进行增加新用户、修改用户信息、查询用户情况等操作。用户流通管理还提供借阅情况查询、挂失、挂失恢复、停借等处理以及进行用户借阅证押金管理等。

（4）统计报表生成与打印，包括流通综合统计、借阅统计、用户基本情况统计、用户到馆率统计、借阅处（阅览室）文献财产统计，以及预约通知单、催书单、罚款清单的生成与打印等。

（四）联机书目检索子系统

联机检索子系统是将用户或工作人员所使用的计算机终端与图书馆主机中的书目数据库相联，通过一致的用户查询界面，为用户提供查询方式多样、功能齐全、技术先进、操作简便的公共联机查询系统（Online Public Access Catalogue，缩写为OPAC），以查询整个集成系统中的书目数据。工作人员或用户可通过计算机终端查询书目数据库中的书目信息。检索时，可根据计算机屏幕上显示的有关提示信息，通过文献的题名、责任者、分类号、主题词等途径检索，也可以对上述途径进行联合检索、逻辑检索等高级检索。图书馆自动化集成系统（Integrated Library Automation System，缩写为ILAS）系统的OPAC还为用户提供了文献的出版、页码、价格等信息。

联机检索子系统提供的书目检索查询手段，取代了图书馆原有的卡片目录和书本式目录。输入一次目录信息，可以得到多种检索途径，并且可同时满足图书馆工作人员和用户检索目录的需要。检索查询方便、快速、准确。利用OPAC，用户还可以通过网络查询网上其他图书馆的公共目录。

（五）连续出版物管理子系统

连续出版物管理子系统是指从订购到入藏、流通的整个连续出版物处理过程的自动化管理。涉及的业务工作主要有订购、划到、催询、装订、编目、入藏、检索、流通等。由于期刊出版周期的变更、刊名的变化以及增刊、附刊、索引等具有不规律性，所以，连续出版物管理子系统是系统中比较复杂的一种。

（1）期刊订购。期刊订购工作有新订、续订以及停订（包括停刊）处理。订购工作一般每年一次，同种期刊每年的订购数据基本不变，可重复使用。期刊订购库主要字段有：ISSN（国际连续出版物标准号）、CN号、刊名、出版者、编者、邮政编码、订单号、预订份数、刊期、价格、采购分类、邮局发行号、期刊来源、开户银行、账号、发票号、经手人、订购日期、附注等。利用期刊订购库可进行订购查询，查询途径主要有刊名、ISSN号、订购刊号、统一刊号等。

（2）现刊管理，包括报刊记到、催询、装订、打印装订清单等。

（3）期刊编目，包括期刊著录数据输入、合订本编目等。期刊编目的结果是形成期刊书目数据库。期刊书目数据库是期刊管理系统中的主库，可以自建书目数据，也可以购买现成的MARC数据。

（4）交换赠送，包括对交换赠送报刊进行查重、登记和统计等功能。

（5）联机检索，主要有记录控制号、书目ISSN号、统一刊号、订刊号、分类号、期刊题名等。

（六）参考咨询子系统

参考咨询子系统提供给用户一种咨询手段，使之通过此系统了解所需的各种信息资料。参考咨询子系统利用所管理的工具书库、各种数据库、光盘电子出版物、参考咨询档案库以及互联网信息等来满足用户的需求。

第五节　图书馆连续出版物工作

连续出版物是图书馆文献收藏的重要组成部分，在各类信息资源中的地位和作用越来越重要。连续出版物工作有其自身特点，相对于图书来说，有一定的独立性，在图书馆业务工作中占有重要的地位。

一、连续出版物的定义与特征

（一）连续出版物的定义

连续出版物是区别于图书、非书资料等其他文献类型的专指概念。国际图联（International Federation of Library Associations and Institutions，缩写为IFLA）关于连续出版物的定义是：连续出版物（Serial）是“印刷或非印刷形式的出版物，以连续分册形式发行，常印有数码或年月标识，并且计划无限期地连续发行。连续出版物包括期刊、报纸、年刊（年鉴、指南）、报告丛刊及学会会刊、丛刊、会议录、丛刊和专著丛刊，但不包括在一个预定有限期间内以连续分册形式发行的丛书和多卷书”。

1981年中华人民共和国国家标准《连续出版物著录规则》（GB3792.3-85）的定义是：“印刷或非印刷形式的出版物，具有统一的题名，定期或不定期地以连续分册形式出版，有卷期或年月标识，并且计划无限期地连续出版。连续出版物包括期刊、报纸、年度出版物（年鉴、指南等）以及成系列的报告、学会会刊、会议录和专著丛书。”

关于连续出版物定义还有很多，它们的表述略有差别，但概念、内涵基本一致。自从国内外标准明确定义了连续出版物的主要特征及其范围以来，连续出版物这一概念已成为包括期刊、报纸、年鉴、汇编等文献的统称，连续出版物已经成为被标准化的文献工作专业词汇。

（二）连续出版物的特征

根据连续出版物的定义，连续出版物具有以下特征。

1. 连续出版

连续出版物有一定的出版规律和周期，定期或不定期地连续出版，并计划无限期地出版下去。这是连续出版物最主要的特征。

2. 有卷号、期号或年、月标识

连续出版物按一定的编号（卷号、期号）顺序连续出版，连续出版物的编号和年、月标识每期都刊登在比较固定的位置。

3. 每期有多个作者撰写的不同内容的文章

连续出版物通常每期均由若干篇不同内容的文章组成，并有多名撰稿人。每期至少载有两篇以上不同作者写的文章。

4. 题名与出版形式统一

每一种连续出版物都有一个固定题名、统一的装帧和出版形式。在一定的时期内，每期编排格式也都比较固定。我国已颁布了国家标准，对科技学术期刊和检索期刊编排格式等进行了规范。报纸的报头版面设计结构通常也比较固定，往往根据其专业性质、读者对象、地域特色等，将报纸的版面划分为不同的板块和栏目。

5. 有相对固定的编辑出版机构

连续出版物通常有一个比较稳定的编辑出版部门，在一定的时期内，其内容有一个相对固定的学科范围。

6. 不再版

连续出版物区别于图书的另一个特征是，一般原编辑单位都不再版。在连续出版物的特征中，定期或不定期连续出版是区别于普通图书的本质属性，而连续编号则是其本质属性的表现形式。

二、连续出版物的类型

连续出版物的类型范围广泛、种类繁多，不同的划分标准就有不同的类型。根据其编纂方式和出版特点，连续出版物可分为以下8种类型。

（1）期刊，指在统一题名下，以统一的装帧形式，按期序号（卷号、期号）或时序号（月号、季号）定期或不定期出版的出版物。

（2）报纸，指一种快速报道新闻、刊载评论、有稳定的编辑部和固定的题名，按年月或卷期顺序无限期连续刊行下去的出版物。相对于期刊来说，报纸内容较广，多是刊载国内外社会、政治、经济、军事、文化、教育、科技等方面的新闻。而且报纸一般在报名中含有“报”的字样。从出版频率上看，期刊出版周期较长，一般多以周、半月、月、双月、季为出版周期，而报纸出版周期较短，一般多以日、周为出版周期。

（3）年度出版物，指以同一总名称，逐年出版的连续出版物，如年刊、年报、年鉴，以及按年出版的丛书等。

（4）成系列的报告，指报道有关学科研究、事物进展情况或调研结果的一种文献。其中，无限期连续出版者，称为成系列的报告，属连续出版物。其主要特征是有有关主办机构的名称；定期或不定期地出版；有连续编号；装帧简单、出版快、篇幅不受限制。

（5）成系列的学会会刊，指由各种学术团体主办或编辑出版的刊物，其中，无限期连续出版者，属连续出版物。此类文献的题名中往往含有会报、会志、学刊、通讯、纪要、学报、通报等字样。

（6）会议录，指各种专业技术性会议、学术研究及团体会议、政党及立法会议的报告和记录。按出版时间分，有会前出版物和会后出版物两种。

（7）汇刊，指按内容将不同著者的不同文章汇编成册，并计划无限期连续出版的出版物，其文章一般都是从其他文献中摘选的，所以也有人称之为选刊。

（8）丛刊，指一组相互有关的出版物，每种出版物都有其自身的正题名，也有一个整体上适用于一组的题名。丛刊可以有编号，也可以无编号。例如，中国人民大学书报资料中心编印的《复印报刊资料》即是一套典型的丛刊。复印报刊资料是共同题名，各个专辑又有自己的名称。

三、连续出版物工作与图书工作比较

连续出版物与图书这两种不同类型的出版物，都是传播思想、传递信息、积累文化的重要工具。它们的外在形式基本相同，在图书情报部门中收集、整理、流通、利用等工作程序也大体一致。但作为两种类型的文献，它们在编排格式、出版方式以及管理工作的内容等方面有明显的不同。

（一）文献内容揭示方面

在文献内容揭示方面，连续出版物的特点是统一题名下以期号连续出版，每期有多人多篇著作。图书则是单本刊行的出版物，即单行本方式，除论文集、汇编外，以一个或几个作者的每一种书作为著作单元。因此，前者具有连续性、多著作性；而后者具有单一性，其出版或收集整理都是以每一种书为单元分散处理的。

（二）具体业务工作内容方面

连续出版物与图书的收集、分类编目、流通借阅等基本工作流程是一样的，但其工作内容和要求有所差别。第一，在工作对象上，图书工作对象主要以图书文献为主；而连续出版物主要以报刊文献为主，加工较深，如二次、三次文献加工，注意揭示报刊文献的深度内容。第二，在加工程序上，图书工作从事图书的收集、分类、编目、典藏，直接投入使用；而连续出版物工作则从事报刊的收集、整理，并及时提供给用户以利用，比图书多了装订、二次分编加工处理的工作环节。第三，图书可以再版、修订，一次分编、多次反复入藏，复本较多；而连续出版物一般不会再版、修订，收藏是连续、系统、单向的，每种报刊的复本相对较少。

（三）用户服务层次方面

第一，图书一般以书目方式揭示馆藏，进而提供借阅服务；连续出版物除书目服务外，根据读者需要还可进一步提供新到期刊目次、索引文摘（特别是学科性、专题索引文摘），进而提供原始文献服务。第二，连续出版物具有出版周期短、传递新知识和新成果及时迅速、情报信息含量高的特点，因此，在连续出版物工作中，也比较多地应用情报学的一些工作方法和理论，如对报刊的收集整理、报刊文献的揭示和传递等。连续出版物工作有时就直接应用情报学原理和情报工作成果，如指导读者利用报刊文献、报刊文献动态馆藏的维护、选择核心出版者等。

（四）从发展动态看

第一，随着社会的进步和科学技术的发展，连续出版物在各类信息源中的地位与作用正在日益提高。据引文分析，对于大多数学科，连续出版物已经成为第一信息源，而图书则退居第二信息源。第二，在管理上，早已由与图书混管转变为各自单独管理，突出了其在管理上独有的特征。20世纪80年代后，连续出版物及其管理研究发展迅猛，管理与研究人员的队伍不断壮大，人员素质与研究水平不断提高，研究范围与研究方法逐步扩大，无论理论上还是管理实践方面都产生了大批丰硕的研究成果。第三，连续出版物工作情报化的趋势越来越显著，报刊工作的情报职能和特点也会显得更加突出。第四，连续出版物管理与应用的研究越来越引人注目。

四、转型期连续出版物的发展趋势

（一）出版载体多元化

随着科学技术的发展、电子通信技术的广泛应用，非印刷型期刊纷纷崭露头角，相继出现缩微型、音像型、只读光盘型、电子网络型等电子出版物。很多报刊同时出印刷版、缩微版和电子版等多种版式。非印刷型期刊，特别是近十年来快速发展的网络版电子期刊，表现出了旺盛的生命力，它以灵活、全面、准确、快速、自动检索等特点，成为重要的信息载体，是世界信息载体的发展方向。

（二）编辑技术现代化

现代信息技术的广泛应用为报刊编辑出版单位提供了高效的出版发行基础。编辑出版电子化，主要是指在编辑出版过程的各个环节中采用现代电子技术进行修改、编辑排版、插图装帧、出版发行，使之成为新型的电子出版物。很多报刊编辑出版单位还同时推出了印刷版、电子版和缩微版等不同版本，有的电子版还分成光盘版和网络版，如美国的著名检索类期刊《化学文摘》、《生物文摘》等。国内的上海图书馆编辑出版的检索类出版物《全国报刊索引》、中国人民大学编辑出版的《人大报刊复印资料》等。面对不同的载体，用户获取信息的方式有了更多的选择空间，不仅能够利用纸质载体期刊，而且可以利用以集成电路、软硬磁盘、光盘为载体的期刊，甚至可以通过网络直接利用。

（三）检索途径多样化

我国检索类刊物发展迅速，体系日益完善。检索类期刊50年代起步，截至2000年止，已达到200余种，年报道量达到140万余条。国内检索类刊物虽然起步较晚，但二次、三次文献的加工深度有新的发展。检索途径趋于多样化，有题录、索引、文摘等，如《人大报刊资料索引》、《全国报刊索引》等在这方面都做得很好，但与国外的检索类刊物相比，无论是在加工深度、检索途径、内容揭示还是在加工手段方面等，都还有较大的差距，今后这方面的工作还有待进一步加强。

（四）传播手段网络化

伴随着电子报刊的大量出现，一批商业性数据库集成商应运而生，如清华同方的《中国学术期刊网》，截至2004年已收录自1994年以来国内公开出版发行的6 600种核心与具有专业特色的中英文期刊的全文，现已积累全文文献500多万篇，题录1 500万余条，分九大专辑，126个专题文献数据库，内容覆盖自然科学、工程技术、人文和社会科学等学科领域，是我国第一个具有权威性的集成化、多功能电子学术期刊。其网上数据每日更新，对用户了解及掌握国内期刊信息，具有一定的权威性和学术参考价值。中国期刊网可提供篇名、作者、关键词、机构、中文摘要、引文、基金、全文、中文刊名、年、期、ISSN号、主题词共13种不同的检索入口。此外，万方数据、维普数据、人大报刊复印资料等都建有期刊数据库，并可提供光盘版和网络版，为科研人员提供了极大的方便。网络化带来了信息传播全球化，为报刊业的发展创造了更宽广的前景。

（五）期刊全文数据库越来越多

用户的需求和信息技术的使用，使电子期刊从书目数据库向全文信息数据库发展，全文数据库越来越多。其中，光盘电子期刊尤为突出。世界上很多有名的大型数据库都化整为零，以光盘形式出售。大多数联机检索型电子期刊也提供全文检索。形式多样的网络电子期刊，有的可从网络上的服务器中随时检索，有的可向编辑部索取，通过电子邮件方式获取全文信息。

（六）印刷出版物与电子出版物长期共存

网络化、数字化时代，电子报刊因其价位较低、发行广泛、使用简便、信息存储量大、数据库检索功能极强、出版周期短而受到广泛的欢迎，并呈现出巨大的发展潜力，使人们有理由看好其未来发展。但印刷型报刊也不会因此而很快消亡。即使在欧美发达国家，印刷型报刊数量也一直呈缓慢增长态势，长期以来形成的阅读习惯将使相当多的人更乐意接受印刷型报刊。在当前计算机数量尚不能满足需求、电子报刊也存在一些不尽如人意的缺陷、人们难以改变阅读习惯的情况下，印刷版和电子版报刊在相当长时间内将会并存，形成网络版报刊与印刷型报刊共存互补、相互竞争的格局。

五、转型期连续出版物信息开发的策略

（一）立足馆藏期刊信息源建设

图书馆的读者在查找和利用文献信息时，通常本着省时、省力、省钱的原则，他们倾向于使用那些容易得到又不花钱的文献信息。馆藏信息资源是用户的首选信息，也是用户认为利用最为方便的信息。目前，馆藏电子期刊的主要形式是光盘数据库。由于光盘检索系统具有存储密度高、容量大、可进行追溯检索、批量定题服务以及套录等优点，我们应把广泛收集目录文摘等二次文献光盘信息数据库放在首位。这样一来，即使本单位收藏的期刊种数有限，但因文献线索完整，用户仍可通过网络资源等获取原始文献，从而弥补一次文献收藏不足的缺陷，同时可以缓解经费的不足。例如，目前，我国期刊总数约1万种，上海图书馆的《中文社科报刊篇名数据库》引用哲学社会科学期刊9 720种，报纸146种。该数据库所引用期刊数几乎涵盖整个中文期刊出版品种，收藏这种光盘数据库基本上可以完全满足读者对国内期刊检索的需要。

其次，对印刷型期刊和光盘数据库进行合理配置。光盘检索系统有自身的优点，但其缺点是要定期进行更新，一般1~5个月一次，这在一定程度上影响了数据库的新颖性。同时，收入光盘数据库的期刊品种以某一领域学科的部分期刊为主，不可能囊括各种资料，这会影响信息的查全率。因此，不能也不可能以光盘数据库完全代替印刷型期刊，而应采取各种类型期刊互相配置的办法，使印刷型期刊与光盘数据库之间的配置处于最佳状态。具体分为三个层次，一是并列收集，即馆藏期刊两种版本都收集，光盘数据库主要用于追溯服务和定额服务；二是交叉收集，即选择部分期刊，如本馆读者使用率较高的部分收集两种版本，其余的只收集印刷型的；三是分开收集，即有

光盘数据库的不再收集印刷型的，如为科研项目所需要的期刊则采用光盘数据库，其余的采用印刷型的。

（二）共享国内图书馆及各文献信息中心的馆藏期刊信息资源

互联网的功用主要是快速传递信息和实现资源共享。我们可以通过网络收集国内各图书馆及各文献信息中心提供的期刊文献信息，更好地计划馆藏期刊文献的订购和安排有限的经费。网络的形成促进和加强了图书馆间的协作和共享，我们要以建立国内按地区或系统的期刊文献信息保障体系为目标，采取各图书馆以优势学科、特色专业和地方特色为主导的馆藏信息资源的方法，统一规划，加强合作，使网上各成员馆之间密切合作，并各自选定几个独具特色的专业方向重点收集，使其中某些专业方向的文献系统化，形成馆藏特色，在网络资源共享中体现各自的优势和存在价值。

（三）利用因特网上的期刊信息资源

当本馆乃至国内的信息资源满足不了信息用户的特殊需要时，可以依赖因特网上的信息资源，做好读者服务工作。一是跟踪网络电子期刊，搜集需要的信息。网络上存在大量的电子学报、电子快报、学术论坛和计算机会议等，可通过电子邮件方式收集有关信息。二是利用网上期刊目录信息通报。例如在因特网上的Uncover公司，其数据库共收入1.7万种各学科杂志。它是一种当期目录通报服务，将自己的电子邮件地址登记到邮寄目录中，就可得到所选择的期刊目次服务。目录更新时，也会自动分发。我们也可将收集到的目录存档在自己网络的服务器中，随时向用户提供期刊目录通报服务。

第六节　图书馆古籍工作

古籍工作是图书馆业务工作的一个重要方面，不少图书馆都收藏有数量不等的古籍，本节介绍的古籍整理的一些常用知识，对于古籍整理工作者有一定的借鉴作用。其中蕴涵的基本历史文化常识，也是图书馆其他岗位工作人员应该了解和掌握的。而且，图书馆古籍工作是现代图书馆业务工作的前提和基础，现代图书馆的工作理念、工作方法、工作流程都是在传统图书馆工作即古籍工作的基础上形成和发展的。古籍是指“周秦至1911年间成书的图书”(《中国大百科全书图书馆学情报学档案学》)，但从图书馆古籍工作的实际情况看，1911年以后影印、排印的线装书，如《四部丛刊》、《四部备要》等也都属于古籍。因此，古籍一般是“以1911年前成书的文献为主，也包括1911年以后重新影印、排印的线装书和大部分的精平装丛书，还包括采用图书馆现代技术而产生的缩微文献和机读文献等”（王世伟主编，《图书馆古籍整理工作》）。

一、古籍的分类

古籍工作中，按照古籍的价值、内容、来源、载体等不同的分类标准，有不同的古籍名称，其中普通古籍与善本古籍是最基本的类型。

善本，是指古籍中具有较高价值的本子。关于善本古籍的标准，自古以来就有不少说法。清代张之洞认为：善本之义有三：一足本（无阙卷、未删削）、二精本（一精校，二精注）、三旧本（旧刻，旧抄）。这一观点比较有代表性和权威性。《中国古籍善本书目》总结前人对于善本的看法，并根据图书馆古籍工作和馆藏的实际情况，提出了从古籍的历史文物性、学术资料性、艺术代表性等方面进行考察的原则。

普通古籍，是相对善本古籍而言的，馆藏古籍总数中除去善本古籍后，余下的就是普通古籍。

其他常用的古籍名称有以下几种。

- 地方志，是古籍中记载一地之史的重要历史文献，许多图书馆都十分重视地方志的采访与收藏。
- 尺牍，即书札。
- 谱牒，又称家谱、宗谱等，是古籍中记载一族一家之史的文献。
- 舆图，是指古籍中的单幅历史地图和地图册。
- 金石拓片，是利用中国传统捶拓方法将历代金石器物上的图像铭文复制下来的一种历史文献，一般分为拓本和拓片两种。
- 历史档案，是指图书馆古籍中所包括的民国时期（1912—1949）以前的专人档案、契约表册、手稿函件、诏令奏章、科举试卷、传单文告等。

二、古籍的形制

中国古籍从竹简和锦帛开始，先后经历了卷轴装、旋风装、蝴蝶装、包背装和线装等形制。现存古籍中，主要以线装为主。

（一）卷轴装

将帛或纸粘连成长幅，以木棒、象牙、玉石等材料做轴，自左至右卷成一束。卷轴装的流行普及是在南北朝和唐朝，在敦煌千佛洞发现的数以万计的古写本书，差不多都是卷轴装。

（二）龙鳞装

将书页依次鳞比，粘贴于素纸长卷之上，展卷时形似龙鳞，因此得名。

（三）旋风装

对于旋风装，有两种说法：一种观点认为由经折装改进而成，将其首页与末页用整幅裱纸粘连而成的册子；另一种观点认为旋风装就是龙鳞装。

（四）经折装

简称折装，由卷轴装演化而成，将长幅不以卷轴装而是反复折叠，成为折子，首尾粘以厚硬纸页护持。由于佛家经典多采用这种形制，因此称其为经折装。

（五）蝴蝶装

将书页有字的一面沿中缝向内对折，使字面相对，中缝背面以胶粘连，以厚纸包裹做书面。翻阅时书页从中缝展开，两边向外，形如蝴蝶展翅，故名。在蝴蝶装中，已经初步形成了古籍书版基本体例，如版心、书口、书背（书脊）、书根、书头、书衣、书签等。

（六）包背装

将书页沿中缝向外对折，使两半页字面相背，书脊用胶粘合，或再加纸捻订脑，以一整幅厚纸包背粘连，裹住书脊和全册书的前后两面，因此而得名。

（七）线装

线装，是由包背装演化发展而成。改整幅封面为散开的前后封面，连结材料不是胶质而是打眼穿线，比包背装更加牢固和美观。

中国古籍形制从卷轴装发展到线装，可以说已经达到精善完美的境界。自从线装问世之后，迅速流行普及，成为现存古籍最主要的形制。

三、古籍版本

古籍版本名称繁多，说法不一。常用的版本术语主要有以下几种。

- 刻本，即雕板印刷而成的古籍。

• 官刻本，即历代官方所设各类机构刻印的书本。

• 监本，即各朝国子监刻印的书本。国子监是五代以后各封建王朝的最高教育机关。其刻书始于五代后唐，以刻印经、史及各经、史的注疏书籍为主，宋代以后，也刻印了不少子书、医书、算书、类书和诗文总集。明代南京与北京都设有国子监，其所刻经史有“南监本”与“北监本”的区别。

• 内府本，主要指明清两代皇室内廷刻印的书本。

• 藩府本，即明代分封各地的藩王府刻印的书本。

• 殿本，即清代武英殿刻印的书本。

• 局本，即清同治、光绪年间，官方在各省所设书局刻印的书本。

• 私刻本，又称“家刻本”，即包括个人、家族和家塾刻印的书本。

• 坊刻本，即以刻印书籍为营业的书坊所刻印的书。

• 麻沙本，即南宋福建建阳县麻沙镇书坊刻印的书本。

• 书棚本，即南宋临安（今浙江杭州）书坊刻印的书本。

• 宋刻本，即宋代刻印书本的统称。

• 大字本，宋代刻本中每行字数在十八字以下，字大悦目，且版框、纸幅均宽大的本子。

• 小字本，每行字数在二十三四字至二十七八字左右的本子。

• 套印本，即用两种以上颜色套印的书本。

• 原刻本，又称“初刻本”，即一书首次刻印的本子，是相对于翻刻、重刻而言的。

• 翻刻本，即根据原版文字内容翻刻的书本。

• 重刻本，即对原刻本进行整理后重新刻印的本子。

• 仿刻本，即摹仿原版字体版式刻印的书本。

• 影刻本，即照前人刻本影写摹刻的本子。

• 写刻本，即按照手书字迹雕版付印的本子。

• 三朝版，即经过三个朝代修补的书版。

• 写本，即由手写成书的本子。

• 稿本，即文字没有修改完整的原始底本，或已经修改写定尚未付印的书稿，是作品的原始记录。

• 抄本，也称“写本”，即抄写的书本。

• 影写本，即用纸覆于原书上影写而成的书本。

• 活字本，即用活字排版印刷的书本，包括木活字、泥活字、铜活字、锡活字等。

• 聚珍本，清代以木活字排印的书本。乾隆皇帝认为活字版名称不雅，改称“聚珍版”。

• 石印本，即以药墨书写于特种药纸上，用石料制版印刷的书本。

• 影印本，根据原书用照相制版方法印成的书本。

• 排印本，即用活字排印的书本，通常指铅字排印的书。

四、古籍的版式与结构

（一）古籍的版式

古籍的版式，即古籍每一张印页的格式。印页上每一个部位都有特定的名称，包括版框、界行、天头、地脚、版心、鱼尾、象鼻、书耳等。

（二）古籍的结构

古籍的结构，是指一部装订成册的具体古籍（这里主要指线装古籍）的外在形式以及内容的各个组成部分。古籍结构的各种名称，是在古籍的流传与发展过程中渐渐形成的。

古籍的外形结构主要包括书衣、书签、书脑、书脊、书首、书根、书名页等。

古籍内容编排的结构包括序、目录、凡例、跋、正文、牌记、附录等。

• 序，即一部书的序言。一般有著者自序、刻书者之序、作者师友之序以及请名人显宦所作之序等。作者自序多为叙述家世、活动及著书宗旨。他人所写的序通常是介绍著者的生平事迹及该书的内容价值。刻书者所写的序，主要说明该书的流传情况及刻印目的。一部书刻印次数增加，其序文往往也就增多。

• 目录，指正文前面所列的篇章名目。它是全书的纲目，反映该书的章节体例、内容概况。一般古籍目录都在卷首，但早期的古籍目录则与序文一样置在正文之后。古籍目录的编排，各书不尽相同。卷帙浩繁的著作，一般除有总目外，各部分还有分目录；而一些有前、后集或正、续编的古籍，因陆续刻成，往往只有分目录而无总目录。目录是检查一书卷数存缺的重要依据，著录时应仔细核对。

• 凡例，即一书的编制体例或原则规定，一般列在目录之前。古籍有凡例的比较多，尤其是地方志、丛书、类书、总集等综合性古籍通常皆有凡例。有的凡例题有凡例作者姓名，可作为著录该书著者事项的参考内容。

• 跋，又称后序。一般放在正文后面，也有少数放在正文之前的。跋文多为校、刻书者所写，主要叙述该书的版本源流与刻印经过。

• 正文，即全书的主要部分，也是一部书的主体。古籍的正文多按编次体例或内容的篇幅划分卷次，各卷自为起讫，卷与卷之间一般用顺序号码表示。每卷的开头称为卷端，卷端一般题有书名、著者姓名及校印者姓名。

• 卷首、卷末、附录，古籍除正文之外，常把序、跋、目录、凡例及有关作者的传记资料等另作起讫，单独分卷。置于正文前面的称卷首，置于正文之后的称卷末，也称附录。有的古籍还刻有与正文不相联系的资料，或是著者的另一部作品，或是他人作品，这些资料有时也称作附录。

• 牌记，又称牌子、书牌。一般是对一书出版时间、地点、刻者的记载，有的还对版本依据、校刻情况及刻书者等进行介绍。牌记在书内无固定位置，经常出现在目录、序文之间及卷末处，有的书还出现两种以上牌记。牌记的形式多样，所用字体以篆书为主。

五、古籍保护

古籍是历史文献，大多经历了百年乃至千年的社会沧桑与自然变化，其载体又以纸质为绝大多数。中国古籍纸张虽有其独特的优越性，如含酸性少、柔软、使用寿命长、不变质等，但也有其致命的弱点，如质地稀松、易于吸潮、含微生物多、易于发霉长虫等。因而要使古籍能够长久流传下去，就必须加强对古籍书库温度、湿度、光照、灰尘的控制，尽量减少其物理、化学的变化，以延长其寿命。而对于已经破损的古籍，要及时采取补救性保护措施。

（一）预防性保护措施

1. 温湿度对古籍的影响及其控制

温湿度是影响古籍文献寿命最重要的因素。不适宜的温湿度不仅会直接损坏古籍，而且会加剧光、尘、虫、霉等因素的破坏作用。实验证明，古籍书库温度控制在20℃以下，相对湿度控制在60%以下，不仅可以保持古籍纸张的正常含水率和机械强度，也可有效地抑制虫害和霉菌的生长繁殖，延长其使用寿命。当然，我国幅员辽阔、气候多样，各地必须根据科学的温湿度标准，并结合当地的气候特点来制定该地区古籍书库的温湿度标准。

古籍书库的温湿度控制方法一般有以下几种。一是库房建筑最好能安装恒温恒湿及通风等现代化设施。若无现代化的设施，最好选择二楼以上通风、朝向及门窗密封程度较好的房屋。库房内应有温湿度测量仪器和吸潮物质或设备。二是加强管理，如按时做好温湿度测量、统计、分析，总结书库温湿度变化的规律，以便及时采取措施；采用自然通风的方法调节温湿度。当库内外相对湿度相同时，若库外温度低于库内，则可以通风，反之则不能。当库内外温度相同时，若库外相对湿度低于库内，则可以通风，反之则不能。

2. 灰尘对古籍的影响及其控制

古籍纸张松软，较其他纸张更易吸灰，且不易清除，落在古籍上就会使纸张摩擦发毛，使其破损。灰尘自身还带有酸、碱等化学物质，会加速古籍的腐蚀，尤其当库房过于潮湿、纸张含水量大时，腐蚀性就更大。灰尘也是霉菌孢子的传播者及微生物寄生、繁殖的场所，灰尘多古籍就易于发霉长虫。

古籍书库的防尘措施一般有以下几种。一是完善库房建筑设备，如确保门窗的密封度完好、对于善本古籍进行专库专柜保管、除尘使用吸尘器等。二是加强管理，如书库管理人员入库穿专用鞋；尽量减少外来人员的参观，如有参观入库者穿上一次性的塑料鞋套；书库、书架定期打扫。

3. 光对古籍的影响及其控制

不同的光源、不同长短的光波对纸张有不同程度的破坏，从而使纸张发黄变脆。因此，古籍书库应在不影响照明的前提下，尽可能地减少光对古籍的破坏作用。其控制的方法有以下几种。一是古籍书库窗户宜安装毛玻璃、百叶窗、遮阳板或窗帘，并根据季节、时间、方向调节自然光源。二是古籍书库的书架排列应避免阳光直接射到古籍文献上。三是古籍书库的人工光源应选择含紫外线最弱的白炽灯，并随用随开，减少光照时间。四是列架古籍应有函套、夹板、木盒，或用中性牛皮纸包起来。五是受潮的古籍千万不要放在阳光下暴晒，可夹干纸让其阴干。

（二）补救性保护措施

1. 古籍修复

古籍修复是对受损的古籍文献进行系统检查后，分析其缺陷和造成损害的原因，采用物理或化学的方法将其从有缺陷或不完整的状态中整体或部分地进行恢复的过程。

（1）古籍修复的基本原则

① 保持文献原貌。在修复过程中，必须保留所有的原始载体和信息，同时不能增加和篡改任何信息内容，即“修旧如旧”。

② 应用可逆性方法。所有的修复方法必须是可逆的，以便修复后发现问题时或出现了更新、更有效的修复方法后进行重新修复。

③ 修复材料和操作程序安全。修复材料的选择应符合有关的标准，应对文献的长期保存有利。在修复的过程中，避免修复对象接触到任何会对其可能存在损害的材料。

④ 修复方法安全可靠。任何方法都要在反复试验、确定有把握后才可进行实际运用。

（2）古籍修复的基本程序

古籍修复的基本程序如下。

① 文献外观描述；

② 文献载体和介质分析；

③ 修复方案确定；

④ 实施修复；

⑤ 修复结果分析。

2. 载体转换

载体转换是利用专门的设备将古籍文献内容及外观等从一种载体形态转移到另一种载体形态的过程。它主要适用于因各种原因文献原件不宜继续使用的文献。载体转换主要有以下三种形式。

（1）复印，这是最常见的一种载体转换形式，其特点是方便快捷、适用范围广。

（2）缩微，即利用照相技术，将文献拍摄在感光胶片上，经过冲洗、加工，制成拷贝，然后提供检索、显示、复印等。它的特点是存储密度较大、记录效果好、记录速度快、规格统一、易于还原拷贝，而且能长期安全地保存。

（3）数字化，即利用计算机存储技术、检索技术、文字识别技术等将文献的信息转换成计算机可识别的数字信息，并经过加工处理以供阅读和检索。古籍文献信息数字化后不仅有利于文献保护，而且可以通过计算机网络提供应用，扩大利用范围。目前有代表性的大型古籍数据库有《四库全书》、《四部丛刊》、《国学宝典》等。数字化技术应用于文献保护的特点是占用存储空间小、提供利用范围广、检索效率高等。

六、古籍整理工作的发展趋势

新中国成立以来，图书馆古籍整理工作取得了世人瞩目的成就，为今后古籍整理工作的进一步发展奠定了良好的基础。但同时也应该看到，目前图书馆古籍整理工作存在人才匮乏、断层，资金短缺等制约，图书馆古籍整理工作者的思想观念有待进一步更新。而且现代信息技术在古籍工作中应用程度较低，古籍工作的规范化和标准化有待加强。未来图书馆古籍整理工作应在以下几个方面有所加强。

（一）工作重点趋向整理抢救

整理抢救工作是古籍工作最基本的职责，主要包括以下几个方面的工作。一是摸清各图书馆的家底，做好未分编古籍的编目工作，同时也应做好已编书目的增补修订工作。二是有计划地做好破损、虫蛀古籍的修补和装裱。古籍修复是长期的任务，应该细水长流、持之以恒。三是改善古籍书库的保管条件，做好古籍书库温湿度和光照灰尘的控制，配置各类护书用品。四是充分利用缩微、照相、影印和全文光盘等技术，使孤本和珍本化身千百，以广泛流传和方便使用。古籍的整理抢救是图书馆古籍整理各项工作的基础，必须将其放在最重要的位置考虑和落实。

（二）工作手段趋向计算机管理

自20世纪80年代以来，图书馆工作由手工操作逐步向以计算机技术为基础的图书馆自动化方向发展。图书馆古籍工作的未来走向是应在图书馆古籍工作的采访编目、阅览流通、文献开发等工作中实施计算机管理，所有的图书馆古籍工作人员应逐步学会在古籍工作的各个岗位进行计算机操作；应逐步建立古籍的书目数据库乃至全文数据库，使用户方便地通过计算机快捷地查到所需资料；应将古籍静止的信息逐步发展为网络化的信息，使用户足不出户便能在全国和世界各地得到图书馆的古籍书目甚至是全文服务。古籍工作的计算机化、标准化与规范化管理将促进全国古籍工作的联合与协作，为古籍资源的共建共享打下良好的基础。

（三）服务功能由单一趋向多种

图书馆古籍工作以往较多地体现在收藏与阅览功能方面，但古籍咨询、古籍研究、古籍开发、古籍教育等各项功能尚未得到充分开发。古籍读者服务要面向读者、面向社会、面向市场。古籍研究要做到出成果、出人才、出效益，有条件的图书馆可以建立研究室、研究所、研究中心等机构，主办国内外的学术会议，吸引国内外的访问学者。古籍开发要做到适应读者、适应市场，积极开展国内外的交流，将社会效益与经济效益结合起来。古籍教育要做到古籍收藏阅览与古籍展示教育相结合，把历史知识、书史知识、文献知识融合在典藏与阅览之中，并根据馆藏特点举办各类古籍展览。

（四）古籍人才的作用更为重要

古籍整理工作是一个学术性强、知识面广的专业工作，它要求从事此项工作的人员具备各方面的知识，以便更好地为读者提供服务，成为古籍文献的导航员。特别是随着古籍现代化越来越深入，网上资源越来越丰富，古籍工作者更应该加强专业学习，以适应新形势的要求。作为图书馆来说，应该重视对古籍人才的使用和培养。一方面，应对现有古籍工作人员定期进行专业知识和职业道德的培训，用好和保护好现有的人才资源，条件允许的话给予适当的政策倾斜，使他们乐于为古籍工作奉献。另一方面，多渠道引进高层次的古籍专业人员，使古籍工作的人才结构不断趋向高层次化，从而使古籍的各项工作，包括古籍的读者服务工作提高到一个新的水平，并适应知识经济时代图书馆古籍工作对人才的要求。

第四章

转型期读者服务工作

读者服务工作，又称用户服务工作或读者工作，是组织读者（用户）利用图书馆资源的各项活动，是图书馆一切工作的出发点和归宿。读者服务工作方式主要有流通推广、宣传辅导、参考咨询、文献检索、网络信息导航以及用户发展、用户研究、用户培训等。

第一节　流通服务工作

一、流通服务工作

流通服务工作是图书馆与读者联系最密切的工作环节，读者对图书馆的利用主要是通过文献借阅活动进行的。文献的流通包括外借、阅览、复制等方式。外借服务是指图书馆允许读者通过一定的手续，在规定的时间内将馆藏文献借出馆外的一种服务方式。外借的方式主要有个人外借、集体外借和馆际互借。个人外借是面向读者个人的，外借手续简便。这类读者数量最多，是图书馆最主要的服务对象。集体外借主要是面向机关团体和学校的，其特点是面向特定的读者群，外借的文献可以一人办理、多人使用。馆际互借是图书馆之间根据协议，相互利用对方馆藏以满足读者需求的外借方式。随着信息共享理念的深入，馆际互借方式越来越普遍。阅览服务是指图书馆开设阅览室供读者到馆利用文献的一种服务方式。图书馆一般按读者对象、藏书类型、学科门类等来设置不同的阅览室，其中，按读者对象，设置普通阅览室、少儿阅览室、科技阅览室、教师阅览室、学生阅览室、盲人阅览室等；按文献类型，设置期刊阅览室、报纸阅览室、古籍阅览室、缩微阅览室等；按学科门类，设置社科阅览室、文学阅览室、综合阅览室等。通过文献复制工作，为用户获得文献资料提供重要的辅助手段。另外，通过建立分馆、文献流通站、巡回书车等，方便不能来馆的用户使用图书馆的馆藏。

流通服务作为图书馆面对读者最主要的服务方式，其服务质量的好坏不仅关系到馆藏文献资源的开发和利用，而且直接影响到图书馆在读者心中的形象。因此，在图书馆转型期，做好流通服务工作意义重大。但长期以来，整个图书馆的工作人员，特别是领导层对流通服务工作存在误区，具体表现在以下几个方面。

一是忽视流通部门的工作。管理者往往把流通部的工作定位于“借借还还”，因而重视内部技术部门而轻视流通部，以为网络化、虚拟化图书馆指日可待，过高估计用户利用和吸收文献信息的技术能力，使传统的文献信息服务质量大打折扣，严重影响了图书馆在读者心目中的地位。事实是，图书馆吸引读者的重要原因仍然是它丰富的馆藏，流通部门在很长一段时间内仍然唱主角，切不可因为追求现代化、网络化而忽略了它们的重要作用。

二是人力资源分布不合理。流通服务工作是一种“润物细无声”的工作，所以容易给人形成一种错觉，即流通部是一种单纯的“借借还还”工作，不需要专业知识。在人员分配上，高学历、高素质的人员大都被安排在内部技术岗位上，低学历、低职称的人员甚至临时工多被安排在流通部，直接参与一线服务工作，且长期得不到培训和提高，信心失落，得过且过。加之流通部工作有大量的体力劳动，大大影响了其他人员参与一线服务工作的热情。以上种种原因，使流通部人员在知识结构、学历结构、能力结构等方面与内部技术部门、管理部门的人员之间有很大的差距。

三是对流通部门的工作评价标准有误。长期以来，流通部门的工作质量主要以读者借阅的数量和有无与读者发生矛盾来评价。这种简单、直观的评价方法，引发了工作人员“守摊”的惰性意识。同时，流通部门工作人员参与图书馆较高层次的文献资源开发或课题研究的机会很少，更进一步强化了这种惰性意识。随着信息技术的发展和图书馆功能的拓展，有些业务统计和统计的标准已难以适应图书馆事业的新发展。例如，流通部工作量的统计，以往较多根据入库人数和借阅量的多少来统计，但随着数字图书馆的建立，上网读者日益增多，从网上查阅与读者自己到馆利用馆藏文献在本质上是一样的，都是对图书馆信息资源的利用。所以在统计读者人数时，应把上网的读者人数统计在内。

做好流通服务工作，要做到以下4点。

（一）提高对流通工作的认识

首先，领导要解放思想，转变观念，把提高馆员服务水平当作大事来抓。流通部是直接面对读者的部门，也是直接接受读者检验的部门，因此要处理好现代化与服务之间的关系，树立图书馆良好的形象，既要重视内部技术工作，又要重视流通服务工作；既要发挥高学历、高职称人员的骨干带头作用，也要激发中低学历、低职称人员的工作热情；既要搞好现代化建设，也要重视对人的培养。只有基础知识扎实而且乐于奉献的流通工作人员，才能驾驭书刊文献中的各类信息，全方位提高图书馆的服务水平。

（二）提高流通服务工作人员的素质

文献载体的变化和服务方式的改变，加上学科日益交叉和重叠，图书馆员不仅要处理纸本信息资源，更重要的是把网络信息资源加以分类整理，提供服务平台。因此，馆员要协助读者查找文献线索，指导读者利用各科参考工具，解答读者咨询并使传统服务与网络化、信息化等现代化手段有机结合等。在这种背景下，馆员不仅要了解专业文献的整理、开发工作，还要掌握分类学、情报学等专业学科知识，以及计算机网络和信息技术。因此，要通过对一线员工进行短期岗位培训、学术交流、考察访问、参观学习等多种形式，加强对工作人员计算机技术、网络技术、读者服务规律、信息加工知识和职业道德规范的培训，提高一线服务人员的整体素质。

（三）建立激励机制，增强竞争意识

流通部门的工作有两个明显的特征：一是直接面对读者，容易和读者发生矛盾；二是工作质量评价弹性大，如果要求不高，单纯的借借还还都能应付。但要真正做好流通借阅工作，还需要图书馆员有高度的责任心和较高的文化素质及业务能力。建立健全考核制度对于加强图书馆的宏观指导、提高流通管理无疑具有重大意义。针对流通部工作的特征，可以制定如下措施。

一是，管理人员实行挂牌服务，设立意见箱，随时接受读者的监督。馆领导要深入读者工作第一线，定期到流通部值班，直接听取读者的意见，以此了解流通工作的第一手情况，加强对流通工作的管理。二是，对于可以量化的流通服务工作可以用量化的办法进行考评，对完成工作情况奖优罚劣，以体现激励机制和制约机制相统一的管理原则。三是，在流通部工作人员中建立起一种竞争意识，公平竞争，优胜劣汰。只有树立竞争观念，才能消除工作中存在的惰性、提高工作效率、增强流通部的生机和活力。竞争意识的增强，可以使工作人员普遍感到一种压力，促使他们把压力变为动力，从而使工作人员自觉提高自身素质，增强工作能力。

（四）建立分配激励机制，调动工作积极性

实践证明，一个人的工作成就，取决于其工作能力和工作积极性。激励对发挥人的积极性有很大的作用。激励的形式包括精神激励和物质激励两个方面，以精神激励为主，物质激励为辅。精神激励有多种多样的表现形式，如情感激励、目标激励、支持激励、情绪激励、强化激励、榜样激励和领导行为激励等。物质激励则体现了多劳多得、按劳分配的原则，应该真正打破大锅饭的管理体制，实行补贴制度，同时在评定职称和晋升方面实行倾斜政策，以充分调动劳动者的积极性，吸引人才主动要求到流通服务第一线工作。

二、宣传辅导工作

为充分发挥馆藏文献的作用、扩大图书馆的社会影响、提高服务质量，图书馆在做好文献流通服务工作的同时，还应做好宣传辅导工作。宣传辅导包括文献宣传和阅读辅导两个层次。宣传辅导的目的在于向用户揭示馆藏，让用户更好地利用馆藏、提高文献利用率、降低文献拒借率。

文献宣传的常用方式有：新书通报、书刊展览、报告会、书评活动等。阅读辅导包括读书内容辅导和读书方法辅导两个方面。读书内容辅导主要是向用户推荐优秀书刊，辅导用户正确地理解文献的内容，帮助用户从优秀的书刊中汲取有益的营养；读书方法辅导主要是引导用户有目的地阅读书刊，克服某些用户阅读中存在的盲目性。

宣传文献和辅导阅读两者是紧密结合在一起的。宣传文献能够巩固和扩大阅读辅导的效果，阅读辅导则又直接影响文献宣传的范围和文献的利用。

三、文献检索工作

开展文献检索工作的目的，是广泛、快速、精要、准确地向用户提供他们所需要的文献信息资料，以节省用户查找文献信息的时间和精力。文献检索工作包括两个部分：一是检索系统的建立和检索工具的组织与积累；二是根据具体课题的需要，利用书目、索引、文摘、快报、手册、词典、名录、指南、百科全书、各种数据库等搜索工具，查找出与课题有关的文献资料。

检索工具是进行文献检索工作的必要条件，它包括传统的检索工具和现代化的检索工具。传统的检索工具主要是书目、文摘、索引等；现代化的检索工具包括利用计算机技术进行存贮和检索的光盘数据库、网络数据库、全文数据库等。在整个检索过程中，选择适当的检索工具是很重要的。要完成特定的检索任务，就得选择必要的检索工具。检索工具，无论是手工检索工具还是计算机化的检索工具，都具有存贮功能和检索功能。存贮是检索的基础，检索是存贮的目的。

第二节 参考咨询工作

参考咨询是读者服务工作的重要组成部分。对于用户要求解答的问题，图书馆一般是通过提供文献资料或检索文献资料的途径使其获得知识或信息来得以解决的。参考咨询服务根据咨询内容由浅入深一般可分为以下几个方面。

• 问答咨询，多是针对一般性知识和指向性问题。

• 文献检索，多是针对非一般性知识的咨询，需要参考馆员利用目录、文摘、索引等特定检索工具进行查检，指引读者根据这些检索工具去查阅有关文献资料，从而得到解答。

• 研究型咨询，这是一种深层次的咨询服务，通常具有明显的专业内容而非现成的稳定答案，需要参考馆员利用多种参考工具和信息源进行系统的调研和筛选，将检索结果按一定方式组织和存贮起来并经过综合分析，系统地向读者提供相关文献资料。此项工作是科研工作的重要组成部分。

参考咨询服务的范畴除了以各种咨询方式解答用户的咨询问题外，一般还包括：编制宣传资料向用户提供最新信息；编写服务项目介绍及各类资源使用说明：编制各类书目及导航系统；辅导电子资源的使用；举办各类讲座以帮助用户掌握获取文献信息的基本技能；开展各种深层次信息服务。

随着信息社会的到来和数字化、网络化环境的巨变，参考咨询服务在原有基础上迅速发展，主要表现在以下三个方面。第一，不断扩充和更新各类信息源，以增大为用户提供的信息量，同时通过对信息源的整合和筛选，提高信息的适用性和有序性，包括引进各类电子资源、开发建设特色数据库、收集整理网上学术信息资源等。第二，及时吸收利用各种先进技术，改进服务手段，提高信息服务的效率和准确性，例如，在咨询方式中引入在线聊天技术，在数据库检索中引入自然语言检索技术、跨平台检索技术等。第三，转变服务理念，将传统参考咨询环境下被动等读者上门咨询的方式转变为主动了解用户需求、积极宣传推介图书馆的新服务方式，为读者举办各类与利用图书馆有关的培训讲座，努力提供其他完善的配套信息服务。

参考咨询服务的发展趋势是：将现代化网络咨询方式与传统咨询方式相结合，将问答咨询、书目索引、文献报道、个性化信息推送、电子资源导航、网络信息导航、专题信息服务、决策咨询服务、宣传服务、培训服务等多种服务内容集成于一体，形成“一站式”现代信息服务模式。个性化信息推送服务是指图书馆通过为用户提供友好的界面，使用户可以按照个人的信息需求来进行各种定制，通过智能检索和信息推送等功能，使用户达到高效连续获取有效信息的目的。简单地说，就是针对用户的个性化需求采用一定技术手段开展的信息服务。个性化信息推送服务提高了用户对信息服务的满意度。随着这项服务的成熟和发展，用户界面更为友好，功能更为强大，兼容性、可扩展性、主动性、时效性、安全性更为提高。

个性化的服务以数字化为依托，数字化参考咨询服务有以下几种方式。

一、数字化信息环境与数字化参考咨询服务

图书情报机构正面临一个日益普及的数字化信息环境。越来越多的信息资源正数字化、网络化，越来越多的用户逐步具备网络使用能力，并越来越依靠网络进行信息检索和利用，这就自然要求相应的信息服务也逐步实现网络化和数字化，为用户提供一个全面和无缝的信息服务环境。

在图书情报机构的信息服务中，参考咨询历来是核心服务内容之一，体现了图书情报服务专业化、智能化和知识化的程度，在帮助用户有效利用图书情报服务方面发挥了重要作用。但是，随着数字化信息环境的形成，传统参考咨询服务已经受到了极大的挑战。

（1）在网络化、数字化信息环境中，用户希望能在不受任何系统、资源、地域限制的条件下提出咨询，能在整个网络上搜寻及利用有关咨询资源和服务，能24小时不间断地得到咨询服务，并能及时获得可靠的答案。

（2）网络信息环境不但为用户提供了众多快捷的搜索引擎系统，而且不断推出以AskJeeve、WebhelpInternet Public Library为代表的咨询网站，为用户提供丰富的参考咨询资源和咨询服务；并且出现了以AskDrMath、AskaScientist、AskERIC等为代表的专家咨询服务网站，利用网络为各类求知者提供专家咨询服务。这些服务丰富了网络信息服务的形式和效力，并提高了用户对网络信息服务的期待。

（3）传统的以特定图书情报机构及其资源为对象的参考咨询服务在内容上和形式上都难以满足数字化信息用户的需要，难以吸引用户的注意力和信任，难以与咨询网站进行有效竞争。有统计数据表明，图书馆接受的上门参考咨询服务已经呈下降趋势。

面对挑战，图书情报界开发了多种形式的数字化参考咨询服务，并逐步地将它们与数字图书馆系统、其他网络参考咨询服务系统、其他信息服务机制和用户服务机制结合起来，从而再造数字化信息环境下的信息服务模式。

二、基于电子邮件的数字化参考咨询服务

数字化参考咨询服务最简单和最流行的形式是基于电子邮件的参考咨询服务。这种参考咨询一般在图书情报机构网站主页或某个网页上设立“参考咨询”链接，通过该链接可将咨询问题以电子邮件方式发送给相应的咨询人员，咨询人员以电子邮件方式将答案发送给用户。这种参考咨询服务在技术上有以下5种具体操作形式。

（1）图书馆接受咨询的方式可以是简单的电子邮件界面，但更多的是使用专门表格。用户按照表格各栏目细致地表达咨询问题及相关要求，然后系

统地通过一定程序将表格内容转为结构化的邮件内容。

（2）图书馆可能只提供一个咨询邮件入口，所有问题都发送到一个邮件地址，然后由专门人员根据内容分发给合适的咨询人员；图书馆也可为咨询问题提供分类分层入口，用户可选择主题类别和服务类别，给相应咨询人员发送问题。理想的情况是单一入口与自动分发相结合，但自动分发要求能解析和理解咨询问题，这在目前还不成熟。

（3）图书馆可将该项服务的链接放在图书馆主页上，方便用户了解使用；也有图书馆将该项服务链接放在网站检索服务或其他服务部分；图书馆还可在整个网站的多个位置嵌入该项服务链接，并将它与相应的咨询人员匹配起来，例如，在数据库检索网页的参考咨询链接会把咨询问题发给负责数据库检索的咨询人员，而在网络流通网页的参考咨询链接则会把咨询问题发给负责流通的馆员。

（4）图书馆可在参考咨询界面设置FAQ（常见问题解答，英文Frequently Asked Questions的缩写）、常用参考工具或网络参考资源、图书馆服务政策等链点，方便用户直接链接和利用这些资源来解决其问题，而且可以减轻参考咨询服务的压力。

（5）在图书馆网站系统内部，通过邮件服务器支持咨询人员之间以及他们与用户之间进行交流，通过内部的咨询资源管理界面集成多种参考咨询资源、检索工具和处理程序来帮助咨询人员迅速查找和编辑咨询答案，通过长期累积的可灵活检索的咨询问题与答案数据库来支持咨询人员迅速回答常见问题，通过常用信息库及其调用机制来自动编辑回信中的某些固定或常用的语句。图书馆还可利用邮件群系统，将所有咨询人员（甚至包括远程的咨询人员或学科专家）加入到邮件群，咨询人员可将用户问题贴到邮件群上，利用全体咨询人员的智慧来回答用户的问题。

基于电子邮件的参考咨询服务还有一系列的政策与管理规定。

• 允许的用户类别。高校图书馆和专门图书馆可能将咨询用户限制在自己的合法用户之内，但这需要一定的技术机制对用户进行过滤，如IP过滤、邮件地址过滤等。这会增加图书馆系统的复杂性，而且可能会把部分合法用户不合理地过滤出去。一般来说，公共图书馆由于其公共性，不会对用户进行限制。

• 允许的问题类别。目前多数图书馆将电子邮件咨询的问题限制在事实型、简单检索型和涉及图书馆服务本身的问题上，不回答明显属于法律或医学的问题。对于过于复杂的问题，则请用户直接与咨询人员面谈，这样既保证了电子邮件咨询能满足更多的咨询简单问题的用户，也保证了复杂问题的咨询质量。

• 允许的咨询完成时间。在绝大多数情况下，电子邮件咨询不能立即回答用户问题，对此，图书馆往往规定一定的完成时间，例如在2个工作日内。一般来说，图书馆在接到用户咨询邮件后会立即甚至自动发送确认邮件给用户。如果图书馆在规定时间内还不能完成咨询，应在规定时间内告诉用户，并在随后的完成过程中随时让用户了解咨询进程。

• 允许的合理答案。对于事实性问题，咨询人员将直接提供所需要的事实，但往往也同时告诉用户所使用的咨询源，并可能告诉查找方法和策略，以起辅导作用。对于文献检索性问题，咨询人员在提供检索结果的同时将告诉用户检索源和检索方法，以便用户自行继续检索。对于不能找到合适答案的问题，咨询人员往往会建议别的查找途经。

有关政策和管理规定一般都在参考咨询网页上向用户明确。

目前，电子邮件参考咨询由于相对简单易行，已逐步成为“正常”的图书馆服务功能，但它也存在若干问题，例如，用户必须拥有电子邮件地址才能接收咨询答案，这可能将部分用户排除在外；此外，电子邮件咨询是异步处理，用户与咨询人员间缺乏实时交流，难以有效分析和澄清问题等。

三、基于实时交互技术的数字化参考咨询服务

为了在数字化参考咨询中保持传统的面对面咨询中的实时交互能力，人们开始寻求用新的技术和方法来提供数字化参考咨询服务，如聊天室、网络白板、网络会议、网络呼叫中心等。

美国宾州大学商学院自1999年起开始使用网络聊天（Internet Chat）技术来提供实时参考咨询服务。他们利用聊天软件作为支撑，该软件类似于可定制的私密聊天室，可装载于图书馆或第三方服务器上，并在图书馆主页上设置进入链点。图书馆可通过专门的管理模块将自己的咨询人员设置为聊天室主持人，他们通过专门的口令和标准浏览器进入系统。图书馆可定制可同时

开出的聊天室数量、每个聊天室允许的并发用户数量、主持人可进行的聊天室操作类别等。用户通过浏览器进入图书馆网站点击“实时咨询服务”链接即可启动聊天室系统，在咨询人员端可用专门声音讯号通知咨询人员“有用户进入聊天室”，双方可进行文字形式咨询交谈和传递咨询结果，咨询人员可并行使用自己的浏览器进行检索，可直接拷贝检索结果，可将网页推送给用户，可将用户在线转给另一个咨询人员。系统可对常见问题事先定制好答案并存储于数据库，供咨询人员直接检索和拷贝；也可定制咨询交谈常用的语句，可自动传送或由咨询人员调用拷贝，减少人工打字。而且，由于咨询人员也是通过网络进入系统的，因此他们不一定非在图书馆内，甚至可以在下班时间在家里提供参考咨询服务。如果用户进入系统时没有咨询人员值班，系统可自动要求用户以电子邮件的形式传送问题。

实时交互参考咨询开始在更大范围建立起来。1999年美国五所大学（卡内基—梅隆、亚利桑那、夏威夷、俄勒冈和得克萨斯）及联机计算机图书馆中心（Online Computer Library Center，缩写为OCLC）联合向美国科学基金会提出申请，拟建立一个全国性的基于聊天软件的实时参考咨询服务系统，称为2417科学参考咨询服务。该服务利用LivePerson软件，装载于第三方服务器上，各学校图书馆咨询人员在不同时段进入系统，从而保证2417覆盖面。该系统准备向所有大学生开放，当用户进入系统时，用户被自动转给“当班”咨询人员。如果有多个咨询人员“当班”，系统则根据事先确定的规则选择咨询人员；如果请求咨询的用户多于咨询人员，用户将被自动告之稍候；当咨询人员可以为等候的用户提供服务时，用户屏幕上弹出咨询窗口，并辅以声音讯号。在咨询过程中，双方均可同时使用浏览器进行其他操作。咨询中咨询人员可以在一对一私密聊天室与用户交谈，可以传送文字、拷贝文件、推送网页等。咨询人员还可将咨询问题甚至整个咨询过程在线转给另一位咨询人员或学科专家。所有咨询问题及答案将被保存在数据库中，可供分析咨询效果，也可供咨询人员检索。

实时参考咨询服务技术正走向成熟，而且其综合利用多媒体和支持实时交流对提高咨询服务质量帮助很大，尤其是网络客户呼叫中心这类软件支持网页和应用共享，能有效支持远程的复杂咨询和用户培训。但是，实时参考咨询在组织、人员训练、管理和经济支撑等方面还处于摸索阶段。显然，咨询人员需要学习和熟练掌握有关技术，图书情报机构需要一定的技术和经济能力来保障有关系统的正常运行；在传统和实时参考咨询之间最佳地分配人员以应付可能迅速增加的咨询服务要求，在用户咨询过程中保持用户的注意力等问题，都还有待在实践中进一步解决。

四、基于网络化合作的数字化参考咨询服务

电子邮件和实时参考咨询的方便性很容易带来急剧增加的咨询请求量，咨询人员也经常遇到超过自身知识和可利用资源的能力的复杂问题。而且，由于人员限制，单个图书情报机构实际很难做到实时参考咨询服务。为此，人们正探索利用网络技术建立多个机构甚至多个系统间的数字化参考咨询服务合作。

代表性的合作咨询项目是2000年美国国会图书馆提出“合作数字参考咨询服务”计划（Collaborative Digital Reference Service，缩写为CDRS），打算在两年之内建立一个全球性的基于网络的合作数字参考咨询系统。

CDRS系统的基本结构是：用户通过自己所在图书馆网页上的咨询服务链点，按照统一表单提出咨询问题，该问题被传给请求管理器，请求管理器根据问题性质和用户情况自动检索成员馆数据库，再根据工作时区、地理位置、资源特点、咨询人员经验和学科优势、接待用户类别、接受问题数量限制、特别服务项目等来选择最合适的图书馆，将咨询问题以电子邮件传给该馆。咨询问题的解答也将通过请求管理器传回给最初接受问题的图书馆并通过它传给用户。与此同时，咨询问题和相应答案被存入Q/A数据库，请求管理器可直接检索这个数据库来自动回答问题。请求管理器还跟踪咨询解答过程，掌握哪些问题已得到回答、哪些正在回答中，有关数据可用于统计、管理甚至自动回答用户查询。各成员馆的责任与义务由成员馆与CDRS签订的服务层协议（Service Level Agreement）来界定，协议内容可作为成员馆数据库内容供请求管理器自动处理。CDRS系统要进行三个阶段的试验，第一阶段是定义成员馆数据内容、咨询工作流、咨询问题格式，参加成员有国会图书馆、康奈尔大学、加拿大国家图书馆、澳大利亚国家图书馆、得克萨斯大学奥斯汀分校、圣姆尼卡公共图书馆等10个馆；第二阶段是设计请求管理器、建立成员馆数据库、修订咨询问题格式、测试网页化回答格式、分析管理问题及相关

措施，成员除第一阶段的外，增加了芝加哥地区公共图书馆、洛杉矶地区公共图书馆、南加州大学、华盛顿大学、范德比尔特大学等；第三阶段是规模测试各种软件和格式，详细定义和制定有关操作和管理，建立组织管理机制和经济支持机制，建立自动接纳和定义新成员机制，并确定培训计划，参加成员馆将扩大到近40余个。

五、挑战与机遇

尽管数字化参考咨询已有长足发展，但要保证其顺利开展还有一些重要问题要解决，主要有以下4个方面。

（一）质量控制

数字化咨询中用户并不实际接触咨询人员，容易使咨询人员产生懈怠和疏忽，用户则容易随时退出咨询过程，因此更需严格地控制质量，包括保证数字化咨询服务易被用户发现和使用，保证数字化咨询服务的政策和管理安排易被用户发现和理解，保证咨询问题都在指定时间内得到处理，保证咨询问题是由真正的专家或咨询人员回答的，保证咨询过程尤其是交互过程的语言和方式有利于咨询问题的解答，并可促进用户进一步使用咨询服务，以及保证咨询的隐私性。

（二）工作流安排

数字化咨询是图书情报机构参考咨询的一部分，如何在技术和咨询技巧方面训练人员，如何配备人员、兼顾数字化咨询和到馆咨询，如何跟踪咨询进展、不半途遗忘任何咨询问题，如何记载和分析数字化咨询结果等，都需要妥善解决。

（三）合作安排

数字化咨询更需要也更适合合作，因此图书情报机构应积极地开发和利用有关系统，包括馆际合作和与学科专家的合作。这里不仅涉及技术问题，更多的是准确界定自己和合作者的咨询资源优势、详细定义和规范描述服务协作协议、建立合适的补偿机制，以使合作各方的利益能兼顾。

（四）与大系统的集成

数字化参考咨询是图书情报机构信息服务的一部分，它应该利用并有机结合整个图书情报机构的服务系统来提高咨询服务的效力，这包括与图书情报机构网站的有机结合，以及有效地设计网站信息结构，使用户能自主方便地学习和利用有关服务；将各种数据库、搜索引擎、专门目录或指南以及咨询知识库等集成起来以提供人工或自动咨询服务；将咨询服务与各种服务和系统过程结合起来，使用户能随时随地获得咨询服务。

更进一步的挑战是，咨询服务是解答用户在处理、利用信息过程中所遇到的问题，而这些问题产生于用户工作过程中，真正有效的咨询服务需要直接进入用户工作过程，及时发现用户需求，调动各种手段来帮助用户检索、理解和处理信息。这需要技术的进一步发展，需要重新设计咨询服务技术和组织机制，同时需要重新定义信息服务和信息系统。现代信息技术已提供了必要的网络化、数字化的环境，计算机支持合作系统（Computer Support Collaborative Work，缩写为CSCW）等技术也准备了必要的技术支撑，逐步习惯于数字化生存的用户也不会忍受那些与他们的新工作方式不融洽的服务形式，我们将在不远的将来看到参考咨询服务的新飞跃。

第三节　延伸服务工作

一、网络信息导航

信息社会是以电子信息技术为主导技术的社会和以网络化为特征的充满信息流的社会。作为知识经济和整个社会信息系统的重要组成部分，图书馆在信息社会中所扮演的角色越来越重要，业务领域越来越广泛。图书馆不仅要利用本馆馆藏文献对用户开展服务，而且要通过互联网使用户获取网上信息。网上信息浩如烟海、内容庞杂、分散广泛、质量良莠不齐、管理混乱且尚未形成统一的信息存储标准，信息检索效果难以控制。如何快速、准确地查到自己所需的信息，是网络用户面临的难题。图书馆的职责就是为用户提供质量可靠、登录方便、费用经济、界面友好的网上信息资源，为用户提供网络信息导航系统，把常用数据库的网址或者相关主题的网上资料汇集起来，为用户提供网络导航服务。网络信息资源导航的目的就是要提供权威、可靠、规范和可持续的网络信息资源的选择、描述和检索，使之成为相关领域的核心和可信赖的信息门户。也就是说，针对某一研究领域或专题，通过对因特网上可免费获取且具有学术参考价值的信息资源进行搜集、鉴别、分类、描述及有序化重组，制作成具有分类目录结构的网络信息资源集成化平台，使用户能够在网上方便、快捷地应用。

网络信息资源导航的建设过程一般包括以下5个方面。

（1）网络资源搜集与选择，即利用搜索引擎等工具针对某一学科查找相关网址，再根据资源选择标准（一般包括范围标准、质量标准和评价标准）进行筛选和鉴别，从中选出符合需要的资源。

（2）分类组织与制定规范，即采用规范科学的知识组织体系和方便用户利用的方式进行分类和组织，并制定信息资源元数据描述的规范。

（3）确定导航网站的结构和功能，包括网站栏目设定，资源浏览、检索、统计等功能，资源发布管理机制与个性化定制、参考咨询、文献传递等其他服务功能的无缝链接等。

（4）资源发布与服务，即对选定的网络信息资源进行元数据描述，分门别类地发布到各个相关的栏目中，供用户访问。

（5）更新与维护，由于网络资源发展迅速且变动频繁，因此要利用自动检测、计算机辅助更新以及人工检测等方式，定期对网页进行扫描并更新链接，以确保网络信息导航服务的及时性和有效性。

二、用户教育与培训

用户教育与培训是图书馆开展的旨在培养用户（包括潜在用户）利用文献信息意识和能力的教育，其目的是帮助用户了解图书馆馆藏和图书馆服务的内容、掌握文献检索和利用的方法、了解文献信息知识、增强用户利用文献信息解决实际问题的信息意识。用户教育可采用多种方式，如举办培训班、讲座、个别辅导、参观、展览、讨论会、知识竞赛、提供宣传品和指南、触摸屏指南、网上课件等；教学内容主要是文献学和信息学基础知识、文献类型、文献信息检索语言、检索工具、检索方法、各类型工具书的使用、专业文献检索与利用、计算机信息检索、网络信息检索与利用、图书馆使用等。用户教育与培训是图书馆信息资源服务的基础，越来越受到重视。只有开展好用户教育与培训，才有可能事半功倍，从而提供优质高效的服务。

开展用户教育与培训，必须对用户进行研究。用户研究，即对用户开展调查研究，了解用户的阅读倾向和对文献信息需求的规律和特点，以解决用户需要的多样性与文献信息内容的复杂性之间的矛盾，解决用户分散使用文献与图书馆集中收藏文献之间的矛盾，更有针对性地为用户提供优质服务，最大限度地满足用户所需的各种文献信息。

三、讲座工作

作为传播思想、传授知识的一种方式，讲座的历史悠久。早在春秋战国时期，我国的思想家、教育家孔子就游历四方、聚众讲学。随着社会不断地发展，图书馆的功能在日益拓展，不仅担负着收藏和保管文献的职责，更担负着加工信息、引领信息、传播知识和进行社会教育的职能。图书馆正成为人们的终身学校，而图书馆讲座以其信息量大、反应及时、收效明显、直观性和互动性强等特点，成为人们提高自己、充实生活和接受终身教育的重要途径。进入新世纪以来，我国图书馆界，特别是沿海大中城市图书馆的讲座活动开展得有声有色，成为图书馆业务领域的一大亮点，受到人民群众的普遍欢迎。2005年，文化部全国文化信息资源建设管理中心与上海图书馆联合举办题为“图书馆讲座与城市文化建设”的全国图书馆讲座工作研讨会，专门探讨讲座工作。2006年3月，文化部就图书馆讲座工作专门发文，要求公共图书馆深入开展讲座工作。例如，国家图书馆的“文津讲坛”、浙江图书馆的“假日讲座”、上海图书馆的“上图讲座”等都成为当地的文化名片和一道亮丽的风景线；此外，安徽省图书馆与《新安晚报》强强联合、精心打造的“新安百姓讲堂”，目前已成为合肥市民假日休闲和业余充电的一个重要场所。图书馆正是因为有了讲座，其功能得到了进一步的发挥和拓展；讲座也正是因为依托了图书馆，才有了其资源的整合、多功能的优势以及广大读者的参与。

（一）图书馆讲座的作用

1. 传播先进文化

知识经济背景下，知识和文化的作用不断得以提升。现代图书馆既是先进生产力前进的体现，也是传播先进文化的重要阵地，而讲座就是图书馆传播先进文化的重要媒介。借助讲座的知识辐射和集散功能，可以将先进的文化理念有效地传达给听众，满足广大人民群众对知识和信息的需求。

2. 强化社会教育

现代社会竞争日趋激烈，人们对知识的欲望较之以往更为强烈，知识的半衰期大大缩短。只有不断地获取新知识，才能在自身和事业的发展上处于有利地位，立于不败之地。社会教育是图书馆的主要职能，而讲座以其新颖的、实用的、实效性强的信息，激发了人们的求知欲，使人们能更直接、更迅速、更准确地获取知识，为图书馆教育职能的拓展和强化起到了重要的平台作用。

3. 提升服务品牌

有品牌才会有优势，有优势就是有品牌。图书馆通过打造产品品牌和服务品牌，来提高自己的信誉度、知名度和公众的认同度，进而提升自身的品牌形象。举办系列讲座、延伸服务功能，是图书馆做好信息中介、促进知识转化、创新服务手段、提升品牌形象的有效途径。例如，上海图书馆的讲座工作经过多年的培育，已成为目前国内持续时间最长、固定听众最多的品牌讲座，被市民亲切地称为“城市教室，市民课堂”，成为该馆的一个重要品牌。

4. 提供专家学者与读者交流的平台

除从书本中吸取知识外，读者还希望与一些专家学者面对面地交流，直接由他们为自己解疑释惑。而讲座就为读者们提供了了解各领域前沿水平和最新成果的场所，为学者们提供了展现自我风采、传播学术成果的舞台，为双方的交流与对话提供了最佳的平台。专家学者们凭着其渊博的知识、独到的见解，常常使听众有“听君一席话，胜读十年书”的感叹。

（二）讲座的具体运作

1. 讲座主题的确定

主题是讲座留给读者的第一印象，是吸引听众的关键。读者是否愿意来听讲座，很大程度上取决于讲座的主题。因此，讲座的成功与否，主题起着至关重要的作用。

（1）把握社会热点问题

反映及时、关注热点，是讲座工作的一个重要特点。讲座策划者要有敏锐的眼光，能够把握时代脉搏、审时度势、抓住机遇，并及时回应、果断决策。

（2）利用馆藏资源

图书馆最本质的属性就是其服务性，而服务的基础是其丰富的馆藏，图书馆员们只有依托馆藏才能更好地为读者提供服务。讲座作为读者活动的重要形式，同样离不开馆藏的支持。

（3）从受众层面来说

听众是讲座的对象，讲座的成功与否，很大程度上取决于现场听众的认同度。一场讲座不一定要面向大众，让每个人都愿意接受，但一定要有它的听众群。

2. 主讲人的聘请

除选题外，主讲人的选定也是讲座工作的一个重要环节，它是讲座成功的关键。听众能否真正成为讲座的听众，主讲人的因素占有很大比重。

（1）聘请权威专家

权威专家能站在所讲主题的前沿，对该主题进行深入剖析和正确引导。从他们那里，听众可以听到新见解、得到新启发。而且由于他们是权威专家，有不俗的成绩和令人敬仰的头衔，其观点更容易被人们接受。

（2）利用各种关系

聘请一流的专家、权威作为主讲，或许是每个讲座主办者的愿望。但一流的专家毕竟是少数，特别是在一些内地不发达地区，本身所具有一流专家很少，且受各种因素的制约，外地专家又很难聘请，这种情况下，就要充分利用各种关系、调动一切因素，尽最大努力争取请到一流的专家。

3. 讲座活动的推广

讲座活动作为读者服务工作的一项重要内容，是信息和知识传播的一种重要形式，是文献信息传播学体系结构中的一个重要支点。它既属于传播学，又属于文献信息学。因此，讲座活动的策划、推广和传播都要按照文献信息传播学的规律来科学运作，做到传播面宽、传播层次深、传播对象准，使主讲人能把所讲的主题有效地传达给听众，使讲座的社会教育等功能得到充分发挥。

（1）讲座之前

主题和主讲人确定之后，策划者需要做的工作就是广泛宣传，以期在最大的范围内，对最广大的读者进行宣传，使尽可能多的人知道这个信息。常见的宣传途径有：馆内读者张贴栏、本馆网站、报纸等。

（2）讲座之中

这一过程主要是做好服务工作，包括听众的指引和接待，录音、摄像工作的顺利进行，各媒体记者采访时机的安排，听众提问顺序的先后等。这一时期同样可以抓住机会进行现场宣传。例如，主持人切入主题的开场白和画龙点睛的点评可以对本馆馆藏进行揭示，对本馆进行宣传；在听众陆续到场和中场休息时间，通过多媒体播放一些本馆的宣传资料；通过台下工作人员和听众的交谈聊天，有意识地介绍本馆，让他们更多地了解本馆的情况。

（3）讲座之后

受时空的限制，到现场听讲座的人毕竟是少数。为了让更多的人分享讲座资源，要通过各种途径，包括在网络、电视、报纸等媒体上发布讲座相关信息，还可以建立听众的档案，与他们保持经常联系，收集他们的反馈信息，提醒他们关注图书馆包括讲座在内的各种活动。

总之，从意向到成功举办，讲座工作的各个部分相互联系、相互依存，其中的每个细节都凝聚了策划者的工作理念。策划者的工作理念和工作态度是决定讲座成功与否的最终因素。没有策划者的成功操作，再好的讲师也不能把所讲主题很好地传达给受传者，讲座的预期效果也就得不到充分的实现。内地不发达地区，相对于东部沿海地区来说，其公共图书馆发展的制约因素还很多，其讲座工作也是刚刚起步。做好这项工作，需要社会各界特别是各级领导的大力支持，需要具体操办者的无私奉献，还需要广大读者的全面理解和热情参与。总之，通过方方面面的悉心呵护和精心培育，讲座这一工作在内地图书馆也同样会发展壮大，并逐步形成常规化、制度化的模式，成为吸引读者的一个新亮点。图书馆举办讲座大有所为，图书馆讲座的未来发展无限美好。

第四节　社区图书馆

随着我国城镇化建设的推进，大量的农业人口、外地人口涌入城市社区，越来越多的人将逐渐变“单位人”为“社区人”，依赖社区服务的人口不断增多，因而社区的作用日显突出。社区建设也随着人们对生活质量要求的提高而越来越重视其文化教育功能，学习型社区已成为我国城市小区建设的趋势。同时，作为公共文化信息服务机构的图书馆，其活动舞台也正在向社区及家庭延伸，与社区形成紧密的联系，成为社区服务中的一环、社区文化的一个组成部分。在这种背景下，社区图书馆应运而生。作为社区文化建设核心的社区图书馆，日益受到图书馆界和社会的普遍关注。另一方面，社区中广泛的读者群是一般公共图书馆难以达到的，又因我国公共图书馆条件有限，难以满足广大社区居民的阅读需求，社区居民要求享受图书馆服务的呼声也越来越高，因而社区图书馆又在一定程度上弥补了公共图书馆的不足，是最贴近社会的基层图书馆。

一、社区图书馆概念及发展概况

社区图书馆是指建立在社区内的，根据社区居民的需要，通过对各种信息进行选择、搜集、加工、组织，供社区居民使用的文化教育机构和社区信息交流中心。

20世纪60年代，发达国家就已形成了“公共图书馆社区服务”机构，为居民提供教育、卫生、福利、家庭、法律、消费者权益、住房等全方位的信息服务。20世纪70年代，美国纽约州和夏威夷州就建立了自己的社区图书馆，且在服务方面很有特色。它们不仅能够满足当地居民的阅读需求，而且还把信息服务的范围扩大到了发布社区新闻、社区人口统计、公民纳税指导、气象与旅游指南等，成为居民们了解社区、融入社区生活的门户。现在，纽约市的皇后区图书馆，已有60多个社区分馆，各社区分馆根据不同社区的特点和需求开展有特色的服务，使该馆成为全美读者人数最多、文献流通量最大、年访问次数最高的公共图书馆。此外，日本政府也早就提出：在居民徒步20分钟内必须有一个图书馆，每月至少有两次以上的巡回送书服务。1997年，日本颁布了“第二次全国综合开发计划”，该计划对小区内的图书馆建设提出了具体要求。

在我国一些经济比较发达的城市如上海、深圳、广州、宁波等地，社区图书馆也在逐渐走进居民生活。在上海，社区图书馆的发展比较迅速和规范，一般都有3万册以上的藏书，并且有常规资金的投入，每年达到十几万元，有的甚至超过了30万元。在广州，有关部门已通过了一份议案，建议在广州周边发展较成熟的住宅小区中开办联合图书馆（由广州市图书馆和社区联合共建），这使得社区图书馆建设有了法规依据。在宁波，一批高标准、现代化的新型社区阅览室已经建立起来，宁波市图书馆与它们达成了合作意向，通过“宁波文化网”开展网上借书，社区居民只要发出借书的电子邮件，市图书馆就会在48小时内将书送到读者所属的社区阅览室。在深圳，早在1998年，深圳市文化主管部门便开始实施全市基层公共图书馆网络建设方案，明确制定了社区（村）级图书馆建设达标标准——馆舍不少于100平方米，藏书不少于10 000册，报刊不少于40种，每周开放时间不少于36小时，周六、周日必须开放。

二、社区图书馆的特征

社区图书馆是从社区居民全面发展的实际需要出发，根据现代城市市民聚居形式的变化而形成的一种新型图书馆形式，它直接面对社区居民，具有区域性、全民性、系统性、多样性和公益性的特征。具体来说，主要有以下4个方面。

（一）按社区设置，有社区特色

每个社区都要强调自己的文化传统、行为规范、社区意识和发展方向，在这种社区文化共识基础上建立起来的社区图书馆，更具自己的特色，有更明确的服务对象和亲和力，更容易融入居民的生活之中。

（二）服务灵活多样，贴近社区居民

社区图书馆的便民特点是显而易见的。它可以按照社区发展的基础，适应社区主体文化的需要，采集适合本社区居民阅读的文献；可以针对社区居民的闲暇时间合理安排各种服务；可以根据社区居民的需要组织各种丰富多彩的活动，其灵活性使社区图书馆有了“居民家门口的图书馆”的称号。

（三）规模不大，以文化娱乐功能为主

社区图书馆一般规模较小，它不追求馆舍面积和藏书数量上的高标准，而是以适应社区需要的规模为建设标准。在其履行的职能方面，则是以丰富社区居民的精神文化生活，提供文化、娱乐活动为主，因此它的读者主要是青少年、离退休的老年人，以及社区中其他有较多闲暇时间的居民。

（四）投资渠道和运行机制不统一

社区图书馆不可能完全由国家投资建设，它的投资渠道是多元化的，通

常是政府拨一点、社会筹一点。社会资金来源有社区自筹、商人赞助、个人投资等多种方式。与此相适应，其运行管理机制也具有灵活和多样性。一般来说，由于社区居民对本社区有一种自然的归属感和主人翁意识，对本社区图书馆普遍比较关心和爱护，再加上有共建自管的性质，社区图书馆可以直接听取居民意见、吸收居民参与管理，从而更容易做到开门办馆。

三、社区图书馆的功能

兼顾图书馆与社区的本质涵义，社区图书馆具有公共图书馆的所有功能。同时，社区图书馆是根据社区的性质、特点，以社区居民需求为出发点，为一定地域内的所有居民提供全方位信息服务的重要的文化教育机构。因此，它具有以下功能。

（一）终身教育功能

这是指社区图书馆是社区居民的终身学校，社区居民可利用它接受继续教育，进行知识更新。社区图书馆作为社区居民自己的图书馆，其教育功能是非常明显的：一方面，少年儿童可以通过它弥补课堂教学的不足，拓宽自己的视野；另一方面，成年人可以通过它了解时事政策和科学技术的发展变化，不断充实自己的知识。在学习型的社会中，社区图书馆必将成为社区居民从事业余学习的重要场所。

（二）信息中心功能

社区图书馆作为社区信息的集散地，不仅是文献信息交流的中心，还将发展成社区网络信息中心。社区图书馆根据社区居民的需要，采集入藏各种文献资料并提供居民使用，使社区图书馆成为社区文献信息交流的中心。而随着数字技术和网络技术的进一步普及，社区图书馆也将向着数字图书馆的方向发展。那时，社区图书馆必将成为社区网络信息中心，为社区居民提供越来越丰富、越来越便捷的信息服务。

（三）文化导向功能

社区图书馆通过对社区居民的娱乐休闲和书刊阅读提供正确的导向，帮助居民树立正确的人生观、价值观，规范居民的思想行为，并对社区中多元的、甚至是相互冲突的文化进行整合，形成健康向上的社会风气。由于社区文化是一个复杂的体系，包括社区内人们的传统、语言、习惯、信仰、价值观念等，它的发展使社区产生一种“文化定势”，对社区的发展影响深远。社区图书馆贴近居民的特点，使它可以深入社区、家庭，在社区“文化定势”的培育过程中发挥潜移默化的巨大作用。

（四）休闲娱乐功能

现代社会，人们的工作时间逐渐缩短，闲暇时间越来越多，提高休闲质量、追求自我发展，已渐渐成为一种社会时尚。社区图书馆恰恰为人们提供了一个高雅的、自在的休闲空间。在这个空间里，图书馆除了提供休闲性的阅读外，还可以开设其他文化娱乐活动，如棋牌、书画、音乐等，使社区居民在图书馆既放松疲惫的身心，又享受到高雅文化的熏陶。

（五）文化服务功能

社区图书馆要通过开展一些文化交流活动增加社区内居民面对面情感互动的机会。例如，为社区居民的生活学习提供咨询、进行辅导；为社区居民提供各种实用技术和生活方式的培训与交流；组织志愿者为特殊人群特别是老人、儿童和残疾人服务等，发挥社区图书馆在增强社区对居民凝聚力方面的独特的文化作用。

（六）社区文化传承功能

社区图书馆要担负社区特色文化的保护及继承任务，使本社区的文化遗产能够得以流传并发扬光大。社区图书馆通过有意识地收集和保存反映本社区风土人情的文献、本社区作者的作品、本社区人物传记资料以及有意识地开发本社区传统的民间艺术等，使社区文化得以完整、有创造性地传承。

四、社区图书馆的服务

社区图书馆是社区的有机组成部分，是建立在社区里的基层图书馆。在社区中开拓图书馆服务，是图书馆融入社会、参与营造良好文化环境和发展社区服务的重要切入点。由于社区居民的生活水平和文化背景层次不同，他们对图书馆服务的需求也呈现出多样性。这就要求社区图书馆的服务能根据本社区的特点有针对性地开展服务。除了公共图书馆的上门服务、预约服务等共性服务外，社区图书馆有其自己的特殊性。例如帮教服务，针对社区的一些中小学生家长工作忙或文化程度低的情况，社区图书馆可通过办辅导班等形式帮助他们抓好孩子的学习，并尽可能地为其提供更多的学习资料；再例如扶贫服务，针对贫困家庭特别是有中小学生的家庭，社区图书馆在办证等方面实行免费优惠，并注意了解他们家中的情况，以尽最大能力给予其关爱和帮助。

第五章

转型期图书馆管理工作

第一节　图书馆管理的对象、特点和内容

一、图书馆管理的对象

图书馆管理的对象有三大部分：人力资源管理、物力资源管理和财力资源管理。人力资源管理包括图书馆员工管理和读者管理；物力资源管理包括图书馆的文献信息管理、图书馆的建筑和设备管理以及技术方法管理；财力资源管理指图书馆的各项经费开支以及各种经营性收入管理。

（一）图书馆人力资源管理

1. 员工管理

图书馆员工是图书馆连接文献信息与读者的纽带和桥梁，是图书馆活动的管理者和组织者。图书馆工作效益的高低和社会影响的好坏，取决于图书馆的员工，所以图书馆员工是管理的主体要素。图书馆的员工分为图书馆专业人员、图书馆技术人员和图书馆行政人员三大部分。管理者应通过定岗、定员、考核、选举、激励等多种形式，激发员工的积极性和创造性，调动他们的潜力，使员工的聪明才智得到充分发挥，努力做到人尽其才、各得其所、各获其荣。

2. 读者管理

读者又称为“用户”，是图书馆的服务对象。图书馆因读者而生存，读者的存在和需要是图书馆生存和发展的动力。由于图书馆读者群的复杂性、多

变性和信息需求的多样性，读者管理成为图书馆管理中最活跃的要素。管理者必须树立“读者至上”的思想，一切管理工作都以用户文献信息需求为出发点和归宿，最大限度地满足读者日益增长的知识信息需求。

（二）图书馆物力资源管理

1. 文献信息资源

图书馆的文献信息资源统称“图书”，是图书馆的“立身之本”，也是图书馆存在的先决条件，是图书馆系统中最基本的要素。它是根据图书馆的性质、任务和方针，以及特定读者群的文献信息需求，经过长期日积月累而形成的文献信息体系。图书馆的文献信息资源随着科学技术的发展，载体越来越丰富多样，有印刷型资源、缩微型资源、声像资源、电子型资源和网络资源等。对这些资源进行管理既要确保文献信息资源的系统完整，又要便于读者对文献信息的充分利用；既要着眼于馆藏的特色建设，又要做好资源的共建共享。

2. 建筑设备

建筑设备又称“设备”，是图书馆生存的物质条件。传统图书馆设备包括：建筑、书架、目录柜、阅览桌椅等。现代图书馆设备，除了传统图书馆设施以外，还包括许多现代化技术设备，如视听设备、复印设备、缩微阅读设备、传真设备、文字处理设备、图书馆计算机自动化系统、图书馆消防安全系统、中央空调系统、局域网以及互联网接口等。这些设备可统分为两大部分：一部分是围绕着业务工作而产生的现代化技术设备系统；另一部分是为业务主体服务的行政后勤服务技术设备系统。

3. 技术设备

图书馆的技术设备，以自动化系统为核心，由计算机软件系统、硬件系统和数据库三大部分组成。随着科学技术的发展，数字化图书馆的出现，信息设施、信息资源、信息人员的智力将融为一体，图书馆的自动化系统会越来越趋于完善。图书馆的建筑设备将会随着这些技术方法的应用而发生很大的变化。为此，图书馆的管理者应用战略的眼光去规划和建设图书馆文献信息服务技术设施体系，为信息资源体系的形成、维护、发展，以及开发利用提供条件。

（三）财力资源管理

图书馆的财力资源主要来源于政府对图书馆的拨款，以及社会各界对图书馆的资金投入。图书馆的经费开支主要用于购置各种载体的文献信息资料、业务活动开支、行政管理费用、员工工资、设备维护费等。经费预算是图书馆经费管理的一项基础工作，在预算的执行过程中，应该有严格的经费结算制度。管理者应通过核算执行情况，为经费管理提供相关信息。在经费管理过程中，应加强财务制度，严格执行有关的财务制度和规范，通过严格的财务制度管理图书馆的经费，以最低的成本产出最大的效益。

二、图书馆管理的特点

系统化管理是现代图书馆管理的最本质特征，这个本质特征把现代图书馆的管理同传统图书馆的行政管理和经验区别开来。从传统图书馆行政管理和经验管理到系统化管理经历了一个由简单到复杂、由低级到高级的发展过程。图书馆系统化管理具有以下3个特点。

（一）整体性

图书馆管理工作是一个系统工程，图书馆的活动具有整体性。要使系统处于良好的运动状态，应具备以下5个条件。

1. 必须有现代化的管理思想

要有效地实行现代图书馆的管理，就不能因循守旧，满足于已有的管理经验，而应不断学习、勇于学习、勇于革新，开拓图书馆工作和事业的新局面。

2. 必须有科学化的管理方法和手段

图书馆的管理必须对图书馆系统各层次、各环节进行质的划分和量的规定，逐步建立起图书馆各系统、各层次、各环节的数字模型，保证系统管理的有效实现。要根据工作目标和工作环节的分解，实行定额管理和目标管理，以提高工作效率、保证工作任务的完成。另外，要辅之以行政管理和经济管理等多种手段，推动图书馆管理水平的不断提高。

3. 必须有严格的规章制度

要使图书馆管理系统正常运行，必须有严格的规章制度；否则工作无依据，办事无准绳，奖惩无理由，就不能调动广大员工的积极性和主动性，使系统运作失灵。

4. 必须有统一的业务标准

图书馆的业务工作只有在统一标准、统一规格、统一规范的情况下，才能高效地进行；否则，就会造成业务工作管理的混乱和工作效率的降低。

5. 必须有合理的智力结构

所谓智力结构，是指图书馆从业人员的学科结构体系。图书馆中既要有图书馆学、情报学人才，也要有自动化技术人才、行政管理人才，还要有各学科的专门人才。现在，有人提出在图书馆设立“专门人才”岗位，以满足社会对各学科文献信息服务的需求。但由于图书馆的类型不同、性质不同、基础不同，其智力结构也应有所不同。

以上五个方面是构成图书馆活动整体性的基础。在管理过程中，要注意处理整体与局部、物力与人力、定量分析与人的主观能动性等各方面的关系。

（二）关联性

图书馆系统中的各个环节、各个层次都是相互关联、互为因果的。因此，在解决问题时要注意事物的因果关系。例如，产生拒借率可能是文献资源建设的问题，也可能是目录体系的问题，同样也可能是藏书管理上的问题。所以，要全面地分析各个环节的工作，加强全馆各部门业务工作的联系和协作，建立健全岗位责任制、小组工作责任制以及部门工作职责。

（三）均衡性

图书馆系统在运动过程中，不仅要取得与外部环境的平衡，而且要取得动态的内部平衡。所谓图书馆与外部的平衡，即要求图书馆全部活动的目的要与社会的政治、经济、科学及文化教育的发展相适应，从而满足社会对图书馆多层次、多样化的需求。图书馆的内部平衡则要求各子系统的目标必须服从于图书馆的整体目标。

综上所述，整体性、关联性和均衡性共同构成了现代图书馆管理的特征。它要求把图书馆看做由许多既有分工又有合作的相互联系、相互依存要素的统一体。

第二节　图书馆管理的模式

一、资源管理模式

图书馆信息资源管理模式可归纳为以下几种，图书馆可根据自身的发展目标、本馆的特点加以选择或组合。

（一）小而全模式

指图书馆的整体规模如藏书、建筑等维持目前的动态平衡，但其服务手段和服务能力需要不断地加强，达到齐备完全的程度。对于小型图书馆，要保证配套设施的新颖性和全面性，力争与国内的同行业保持同步，这样才能保证图书馆网络化、自动化、数字化工作的顺利开展，以准、快、精、全的服务质量树立图书馆的新形象。采取“小而全”模式的图书馆，应在检索手段、服务手段和网络设施等硬件建设上加大投资力度、给图书馆的“软”工作创造一个扎实的“硬”环境。

（二）专而深模式

现代意义上的图书馆不再是文献资料的收藏中心，必须要在如何充分利用现有的文献信息资源上下工夫。考虑到文献数量剧增、文献价格上涨、购书经费减少、服务对象的特殊性以及文化环境的独特性等因素，采取“专而深”模式的图书馆，其文献收藏要求专舍全、求深舍广。收藏重点应放在本馆读者最常用的文献资料上，做到收藏有重点、服务有特色。

专而深的特色资源作为全球虚拟图书馆最基本的组成部分，发挥着极其重要的作用。这些来自某个区域的各个分支信息，在网络上汇集成一个完整的虚拟图书馆，给人们提供全面而系统的服务。在新技术对传统图书馆的强烈冲击下，建立专而深的图书馆模式已经成为人们考虑的一种新的管理模式。

（三）网络化模式

在信息飞速增长的今天，再大的图书馆也无法包罗万象、全面收藏。因此，现代图书馆如果不借用外力去充分利用已有的劳动成果，开展馆际协作，实现资源共享，那它的路将越走越窄，服务只能越来越被动，逐渐被读者遗忘。

信息化程度的提高和电子网络的建立，使馆际交流与协作变得容易而频繁。从文献采访到文献查重，从集中编目到联合编目，从目录检索到全文信息检索，从馆际互借到资源共享，图书馆的基本业务都可以通过网络来实现。现代图书馆的管理就应有这种合作意识，大胆冲破“围墙”界线，将其业务活动的领域逐渐向馆外延伸，与其他图书馆或信息服务机构协作，成为图书馆网络中的一员。大胆树立“大图书馆”的意识，在进行本馆业务发展规划时，把自己的业务活动与整个网络系统联系起来。

（四）信息导航模式

知识海洋浩瀚无边，蕴藏着无数取之不尽的信息宝藏，要从中找到适合自己的信息，犹如大海捞针，更何况现代生活具有高效益和快节奏的特点，这使得人们难以把更多的时间和精力放在查找文献信息上。图书馆是文献信息的服务中心，图书馆员必须在信息社会中扮演并担负起“信息导航者”的角色，辅导读者合理利用所需文献，合理地重组或开发第二、第三信息资源，避免重复劳动、理顺工作流程。这可以从两方面着手考虑：一是全面开展参考咨询工作，如开展综述、述评、文摘信息、剪报参考、定期服务、定题服务、开发专题文献数据库等工作；二是提高素质，当好因特网上的导航者，引导读者正确地检索信息，捕获具有研究参考价值的文献。

二、组织机构模式

在现代与民主、自由与创新的管理趋势下，不同类型的图书馆可根据自身的具体情况采用适合本身特点的管理模式。图书馆组织机构的管理模式可以有：以人为本的价值导向、以柔克刚的管理理念、有机弹性的组织结构、系统化的管理手段与方法、和谐一致的人际关系和文化氛围。

（一）柔性化管理模式

组织机构是图书馆管理活动及其他活动有序化的支撑体系。传统的组织理论强调结构稳定、组织内部等级森严、层次间界限分明，往往会形成缺乏沟通、办事刻板的组织。这样的组织是无法适应多变环境的。柔性管理不再把组织结构看成是一个刚性的东西，而是把它看做柔性的、有适应性、有学习能力的有机体。很显然，柔性化的组织强化了部门间、人际间的交流合作，为图书馆的发展创造出了一个和谐融洽的内外环境，营造出了一种全新的文化氛围，为每个人的思想发挥提供了充分的条件和空间。

（二）扁平化管理模式

扁平化是对“金字塔”式的层级管理模式的创新，其组织形态由传统的塔型结构向扁平型转变。组织结构扁平化，取消了中层管理环节，既节省了一批人力资源，又使信息沟通与决策方式得到改善，客观上促进了领导与下属之间的交流与协商。扁平化管理提倡团队精神，虽然图书馆员根据工作需要经常流动，岗位不断变化，但责任依然明确。

随着信息传递方式由阶层（等级）型变为水平（自由）型，与此紧密相关的图书馆管理组织结构也将从尖顶的“金字塔”型向扁平的矩形网络转变。一些中层组织将被削弱或走向消亡。那种分工过细、相互割裂的管理组织，已不适应发展的需要。把相互关联的管理组织加以整合成了大势所趋。临时性的、以任务为导向的团队组织将取代原有结构中固定的和正式的组织。这种柔性的、灵活的虚拟组织，已成为图书馆组织管理的重要形式。

（三）虚拟化管理模式

虚拟化是指通过借用外部共同的信息网络及通道提高信息数据存储的一种方法。引用到组织管理中，是指协同外部力量、整合外部资源的一种策略。沿海城市图书馆与内地图书馆，高校图书馆与公共图书馆，省级图书馆与市、县级图书馆，它们之间现代化的程度存在着很大差异，发展水平也极不平衡，甚至出现了“两极分化”现象。因此，寻求一种能够解决现阶段乃至今后我国图书馆事业发展的管理策略就显得十分必要。虚拟化管理模式所追求的目标是突破组织自身的有形界限，达到全方位借用外力的效果，以期取长补短、协同发展，各合作方达到“共赢”的效果。

三、运行机制

（一）保障机制

作为公共文化服务的基本设施，图书馆首先应以国家投入为主，吸收社会各方面的力量，保证图书馆事业有稳定乃至逐步增长的资金来源，建立起图书馆事业的资源保障机制。其次，图书馆的各级行政主管部门应制定图书馆事业发展的方针、政策及规划，发挥导向作用，建立起图书馆事业的政策保障机制。

（二）协调机制

图书馆的各级行政主管部门有责任协调好图书馆的内、外部关系，为图书馆的事业发展提供良好的环境。其内容主要包括：协调好图书馆与政府的关系，争取各级政府及其职能部门对图书馆事业的重视和支持。协调好各系统与图书馆之间的关系，形成一体化的图书馆服务网络。协调好图书馆与读者及社会各界的关系，增强全社会的图书馆意识。

（三）规范机制

首先，图书馆行政主管部门应就图书馆的办馆条件（如藏书、人员、经费、建筑设备等）所应达到的低限作出明确规定。其次，各级主管部门应对图书馆的活动和效益情况发挥监督与控制作用。此外，还要制定完备的技术标准，并监督其实施与执行。

（四）激励机制

理顺行政主管部门与图书馆之间的责任和利益关系，利用一切可能的手段和方式，调动广大图书馆员的工作积极性，努力提高图书馆的业务水平和服务效益。制定有效的激励机制是搞活图书馆的关键。

四、体制模式

目前，图书馆的单一体制模式也出现了新的多样化的态势。

（一）理事会模式

该模式的做法是，由图书馆利益相关者组成图书馆理事会行使最高决策权，类似于现代公司中的董事会；聘请馆长行使日常事务管理权，其角色类似于公司中的总经理。在两者之外，聘请相关学者组成专家委员会，负责决策咨询。该模式可供规模、影响较大的公共图书馆参考。

（二）委托管理模式

其做法是，原主管部门以正式契约形式将图书馆委托给某公司管理，契约中规定双方的权利义务、损益、分配等，契约规定受托公司有义务履行一些特殊职能，如公共服务。主管部门承诺对这部分业务进行单独拨款、核算和评估。主管部门不干涉图书馆的日常管理，运作按市场机制进行，受国家有关法规制约。

（三）溢出模式

所谓“溢出”，是指科研机构的研究人员以其创造和拥有的成果，创办自己的企业。通过这种方式，研究所产生的成果得以“溢出”到社会，从而增加社会福利。现代信息技术的发展也使得一部分图书馆拥有一些可以“溢出”的科研成果。因而，一些图书馆可以考虑采取溢出模式。溢出模式与目前图书馆实行的“一馆两制”有异曲同工之妙，但溢出模式是一种清楚、明了、科学的制度创新，它集成了管理创新和业务创新。

（四）严格隶属模式

该模式是指，一部分规模较小，或与母体机构联系密切的图书馆（如资料室），仍然隶属于原机构，但应在制度规范建设上实施严格的监管。

第三节　图书馆统计和业务档案管理

图书馆统计是指通过搜集、整理、分析图书馆工作过程中累积的各种数字和文字资料来定量反映图书馆工作的实际情况，以便对图书馆实行计量化管理。它是图书馆业务管理工作的一项重要内容。

一、图书馆统计

（一）图书馆统计的作用

（1）图书馆统计是认识图书馆活动规律的重要方式。统计是一种调查研究，它是用数字来反映、说明和认识事物的，人们可以通过大量综合的统计数字与统计分析，来发现事物发展、变化的规律。图书馆统计即是通过图书馆活动所产生的大量的统计数字并对其进行统计分析，从而认识图书馆活动的规律性的。

（2）图书馆统计是图书馆开展业务工作的客观依据。图书馆业务工作的开展，包括工作量的规定、各部门工作任务完成的情况、文献借阅量的分析、用户结构比例分析等，都离不开图书馆统计所提供的数据。离开了图书馆统计，图书馆业务工作的计量及其分析就失去了依据。

（3）图书馆统计是图书馆科学管理的重要依据。图书馆统计中的一切统计数据和统计分析，都是依管理需要来进行的，都是为图书馆管理决策提供服务的。同时，图书馆统计又能及时、全面地为图书馆管理提供反馈信息，客观地反映图书馆运转的情况，以便管理者制定新的决策，排除运转过程中的偏差和故障。

（4）图书馆统计是图书馆学研究的重要方法之一。图书馆学研究的定量分析就是建立在图书馆统计基础之上的。因此，深入开展图书馆学研究，离不开图书馆统计。图书馆学研究中的布拉德福定律、普赖斯指数等都是建立在图书馆统计基础上的。

（二）图书馆统计的主要指标

完整的图书馆统计数据是对图书馆工作的动态及成果进行科学而又全面分析的结果。因此，图书馆馆藏、用户以及流通的数量、质量、增长速度，以及工作过程中的动态变化，都必须在图书馆统计中反映出来。图书馆统计的指标体系主要包括以下4种。

（1）馆藏文献量指标，包括图书、期刊、音像资料、缩微资料、机读资料等的数量、品种、质量、价格指标等。一个完善的馆藏文献量统计必须反映出文献的入藏数量、入藏时间、价格、文种、来源和入藏文献按内容分类的类别数量等。

（2）用户量指标，包括本地的、外地的用户数量及其构成，本馆固定用户与临时用户的数量及其构成等。一个完善的用户统计必须反映出用户的构成及其数量、用户与馆藏文献的比例关系等。

（3）借阅量指标，包括文献借阅的分类数量及其与用户数量的比例关系等。一个完整的借阅统计是衡量图书馆效益的重要指标。

（4）图书馆深化服务指标，包括参考咨询、文献开发与数据库建设等。

（三）图书馆统计分析及其方法

1. 图书馆统计分析的内容

图书馆统计分析，是指对统计数字进行比较分析和综合研究，从而掌握反映图书馆各项工作特点、联系与规律的统计比率，以总结经验，指导和改进工作。图书馆统计分析的内容反映了图书馆工作的实际状况和业务水平。在图书馆管理的过程中，一定要掌握这些比率的数据，从中研究提高或降低这些比率的措施，以便加强管理、提高服务术平。这些比率，最基本的有6种，即文献利用率、文献流通率、用户到馆率、用户阅读率、文献拒借率和文献保障率。

（1）文献利用率

文献利用率指馆藏中被用户借阅的文献数量占全部馆藏文献总数的百分比。其计算方法是，用一定时间内用户借阅的总数除以馆藏总数。其公式为：

$$\frac{\text{用户借阅文献总件数}}{\text{全馆馆藏文献总件总}} \times 100\%$$

（2）文献流通率

文献流通率指用于公开借阅的文献被用户借阅的数量所占的百分比。其计算方法是：用某库、某室在一定时间内用户借阅文献的总件数除以该库、该室所藏文献的总件数。其公式为：

$$\frac{\text{某库、某室在一定时间内用户借阅文件总件数}}{\text{某库、某室所藏文献总件数}} \times 100\%$$

（3）用户到馆率

用户到馆率指平均一个用户全年到馆的次数。其计算方法是：用全年到馆的用户人次除以读者的实际人数。其公式为：

$$\frac{\text{全年到馆用户人次}}{\text{用户实际人数}} \times 100\%$$

（4）用户阅读率

用户阅读率指平均每个用户所借的文献资料的数量。其计算方法是：用全年文献资料借阅件数除以实际借阅的用户人数。其公式为：

$$\frac{\text{全年借阅文献总件数}}{\text{用户实际借阅人数}} \times 100\%$$

（5）文献拒借率

文献拒借率指用户在图书馆未借到的文献的数量占用户所要借的文献数量的百分比。其计算方法是：将一定时间内用户未借到的文献总数除以用户所要借的文献总数。其公式为：

$$\frac{\text{未借到的文献的总件数}}{\text{用户所要借的文献的件数}} \times 100\%$$

（6）文献保障率

文献保障率指图书馆的馆藏文献量对用户需要保障程度的指标。这种指标主要用来说明馆藏文献量与居民人数之间的比例关系以及馆藏文献量与用户人数之间的比例关系。馆藏量越大，对居民需要的保障程度就越高。其计算方法有两种：一是用馆藏文献总件数除以学龄以上居民的总人数。其公式为：

$$\frac{\text{馆藏文献总件数}}{\text{学龄以上的居民总人数}} \times 100\%$$

另一种计算方法是：用馆藏文献总件数除以用户人数。其公式为：

$$\frac{\text{馆藏文献总件数}}{\text{用户人数}} \times 100\%$$

2. 图书馆统计分析的方法与步骤

图书馆统计分析的方法，常用的主要有以下5种。

（1）分类分析法

分类分析法是指经过统计，在获得大量资料和数据的基础上，根据统计分析的目的、要求，把统计资料按某些变动标志进行分类（分组），再对各类进行分析、比较，以掌握它们之间的内在联系。

（2）对比分析法

对比分析法是指通过纵向对比、横向对比来研究事物发展的规律。纵向对比主要是对研究对象在不同时间的数量关系进行对比；横向对比主要是指部门与部门之间、馆与馆之间、系统与系统之间、地区与地区之间，及国与国之间的对比。对比分析对数学的要求不高，且属静态的简单比较，因而适用面广，为研究者所常用。

（3）动态分析法

动态分析法是指将反映图书馆某种现象在时间上变化与发展的一系列指标数值，按时间先后顺序排列，形成一个时间序列。

（4）相关分析法

相关分析法是一种处理变量和变量之间关系的教学方法，即运用数学方法来分析图书馆活动中的各种统计量之间以及各统计量与某一外部指标之间的相关性，从而确定各种统计量之间的相互作用程度的大小。该方法的核心是寻求两个或多个变量的内在联系，常用方法有一元线性回归、多元线性回归、非线性回归等。

（5）结构分析法

结构分析法是计算某一事物的各部分在总体中所占比重的分析方法。该方法以分组法为基础，要求首先掌握总体事物的基本统计数据，然后对总体中各个部分的数据进行分解分析，从而计算出各个部分的数值与总体数值的百分比。

图书馆统计分析的步骤如下。

① 确定分析的目的，弄清楚统计所要解决的问题。

② 收集统计数据，统计分析是建立在大量统计资料基础之上的。没有大量的、典型的统计资料，统计分析就无法进行。

③ 审查统计资料。

④ 建立数学模型。

⑤ 进行分析与预测。

⑥ 提出分析意见和改进工作的方法和措施。

采用自动化管理集成系统后，图书馆可以利用系统和子系统自动采集动态数据，并利用统计软件自动生成统计分析结果，以辅助决策。

二、图书馆业务档案工作

图书馆业务档案是指图书馆在开展各项业务活动中形成的，并作为原始历史记录保存起来以备查考的各种形式的文件材料的集合。图书馆业务档案是随着图书馆事业发展并不断完善而出现的。作为业务活动的原始记录和凭证，图书馆业务档案是图书馆过去业务工作和业务活动的记录，包含了过去工作和活动中所形成和接受的各种材料，可以为今后决策和开展类似工作提供依据和决策咨询材料。同时，图书馆业务档案也是向上级汇报业务工作和业务活动情况、迎接上级对图书馆进行评估检查以及进行干部业绩考核的依据。因此，图书馆业务档案是业务工作评估和查考的凭据。

（一）图书馆业务档案的收集

图书馆业务档案的收集，是指接收具有保存和利用价值的业务工作和业务活动档案，并将其集中保管在业务档案部门的工作。

1. 收集内容

图书馆各业务部门所进行的各项业务工作或业务活动，在其完成或告一段落后，将其所形成的业务文件材料加以系统地整理，并定期移交给业务档案部门接收，以集中保存，也就是通常所说的归档。归档内容主要有以下几个方面。

（1）全馆综合性的文件材料

- 本馆年度大事记；
- 本馆业务工作计划和总结；
- 业务考核评比材料；
- 各项业务统计材料；
- 本馆业务人员调动、晋级等变化情况；
- 本馆业务部门调整情况；
- 上级有关业务文件函件；
- 本馆编印的业务资料、刊物、简报、通讯；
- 全馆性业务活动情况；

• 社会与舆论界对本馆的评价、报道等情况；

• 本馆获奖励情况；

• 其他。

（2）各业务部门的文件材料

• 部门业务活动情况；

• 开展借阅情况的总结与分析；

• 解答咨询情况与分析；

• 跟踪服务和定题服务情况与分析；

• 读者需求的调查研究分析；

• 搜集服务成果情况；

• 开展读书活动的情况；

• 工作研究和学术研究情况；

• 开展学术活动的情况；

• 开展业务辅导工作的情况；

• 开展业务培训工作的情况；

• 开展读者咨询、讲座、报告会的情况；

• 开展协作协调的情况；

• 部门工作总结材料；

• 其他。

（3）个人的文件材料

• 个人业务成果（含发表的文章、专著，个人应邀参加学术活动所形成的文字材料和照片等）；

• 个人评介材料（媒体及社会舆论对个人的评介和反映）；

• 个人奖励材料；

• 其他。

2. 归档时应注意的问题

（1）要把归档制度作为图书馆管理制度中的一个组成部分。归档制度中提出的有关内容与要求，一定要与各项考核制度相衔接、相一致。在实践中，必须把业务文件材料的形成、积累、整理和归档，真正作为图书馆业务管理工作的一个重要环节。

（2）在业务档案工作中应强调业务文件材料的形成、积累、整理和归档工作，这些工作主要由各业务部门或有关人员来承担。由于业务文件材料是业务部门或有关人员直接形成的，因而他们也最熟悉、最了解相应的业务文件材料，由他们整理和归档最能够保证归档后业务档案的质量。

（二）业务档案的整理

业务档案部门对接受来的业务档案，在进库、入柜（或上架）之前都要进行整理。业务档案的整理，就是按照一定的原则，对业务档案作系统的分类、排列和科学的编目，以便更好地保管业务档案，更好地为开展业务工作或业务活动提供利用服务。

1. 分类

业务档案的分类是指按照业务档案整理的基本原则，将不同种类的业务档案各自分成一定的类和属类。它是业务档案系统整理的第一步。正确地对业务档案进行分类，是保证系统整理的质量和进行科学编目的基础。

业务档案的分类有很多方法，经常使用的有年度分类法、组织机构分类法、问题分类法和载体分类法等。

（1）年度分类法，这是对业务档案进行分类时经常使用的一种方法。它以时间为标准，按年度设类，将业务档案逐年分为2008年档案、2009年档案等。

（2）组织机构分类法，这是经常使用的一种方法。它以立档单位内部的业务部门为标准，按业务部门名称对档案进行分类。图书馆业务部门都承担着具体的工作，在他们的业务工作或业务活动中所形成的业务文件材料，往往反映出同一类性质的问题，在内容上有密切的联系。因此，按业务部门分类是一种比较客观的分类，它能较好地保持业务档案内文件材料之间的历史联系，也便于利用者按照一定的专题查找有关业务档案。

（3）问题分类法。一般业务文件都是为解决或说明一定的业务问题而产生的，所以问题特征比较明显。例如，按文献资源建设、服务成果的收集、业务人员的培训等问题分类，可以将反映类似问题的业务文件集中在一起，从而较好地保持业务文件内容方面的联系，且还不失为查找和利用业务档案的一条便利途径。

（4）载体分类法，是指以业务文件的形式为标准，按文件的制成材料设类，如纸张类、照片类、录音录像类等。

在实际工作中，单独采用一种分类方法的情况是比较少见的，通常来用的是两种分类标准相结合的方法。其主要有以下3种。

（1）年度—组织机构分类法。采用这种方法时，首先把业务档案按年度分开，然后在每个年度下面再按业务部门分类。它比较适用于有专门业务档案部门的大中型图书馆。

（2）组织机构—年度分类法。采用这种方法时，首先把业务档案按业务部门分开，然后在组织机构下面再按年度分类。它比较适用于将业务档案分散在各业务部门保管的图书馆。

（3）年度—问题分类法。采用这种方法时，首先把业务档案按年度分开，在年度下再按业务问题（专题）分类。

2. 组卷

组卷又称“立卷”，即将每一类下的零散业务档案按照某种联系分类组成案卷的工作。案卷是指将在某些方面具有密切联系的若干件档案，经过系统加工装订在一起形成的业务档案的基本保管单位。

组卷工作的主要步骤如下。

（1）按某种特征联系对档案进行组卷。业务档案一般按材料的时间特征组卷，如遇到某个业务问题（专题）的文件较多时，也可单独按文件的问题特征组卷。

（2）拟写案卷标题。

（3）卷内文件的排列与编号。一般按文件的形成时间排列，并编上页号和件号。

（4）填写卷内文件目录与备考表。

（5）案卷的装订。将卷内文件理齐后，加上厚纸制成的硬卷皮，用线绳或麻绳订牢，装订成册。有的业务文件材料不适合装订的，要采用卷夹、袋、盒等形式，将文件装封为保管单位。

3. 编目

编目，即对业务档案进行登记，编制业务档案目录。业务档案目录是以保管单位为对象进行登记编制的，它实际上是保管单位的名册。只有在编制了业务档案目录后，归档接收来的业务档案才能够入库进柜保存。业务档案目录有两种：业务档案总目录和业务档案分类目录。

业务档案总目录，是以保管单位为对象，按照归档时间的先后顺序进行登记和编制的。它是保管单位的登记名册，实际上是一种“财产”的总登记账，起着总目录的作用，主要是为了便于统计掌握业务档案的总数。

业务档案分类目录，也是以保管单位为对象，但严格按照业务档案划分的类、属类与排列次序进行登记和编制的。它也是保管单位的登记名册，是“财产”的一种分类登记账，形式上有簿式和卡片式两种。

（三）业务档案的计算机管理

业务档案管理的现代化是图书馆全面自动化的一项重要内容，在图书馆逐步引进各种自动化手段的同时，应对业务档案管理自动化的问题给予关注。业务档案自动化的基本标志是：管理技术与设备的现代化和档案工作组织的科学化。其中，以电子计算机技术的应用为重要特征，它将大大提高业务档案管理中存储、处理、控制档案信息的能力，并以此促进业务档案工作的全面发展。在业务档案管理中应用计算机技术，很好地节省了时间、空间和人力，增强了业务档案的参考属性和历史延续性，为当前的图书馆工作和今后的图书馆事业发展提供及时、系统而翔实的经验和数据，它的作用将会随着计算机及相关技术的发展而更加拓展。具体表现在以下3个方面。

1. 数据采集加工

业务档案来源广、形式多，其数据采集的方式也就不一样，然而人们可以利用计算机手段，对采集的业务档案数据进行加工处理，保证数据的有效性。从目前情况看，大多数业务档案数据可采用普通输入设备，如键盘等，进行人工采集工作。另外，还可以用图文扫描设备、传真设备、声像设备、通信传输技术等作为数据采集的工具，甚至可通过语音、字符识别系统辅助完成。

2. 信息存储和管理

充分利用多媒体技术和大容量、海量存储的能力，使业务档案著录信息、档案全文信息能完全依赖于计算机技术得以保存，而计算机的事务管理能力和数据库管理技术的应用，使业务档案管理达到全方位、多层次、高质量的管理水平。

3. 档案查询和传输

对于完整有效的档案数据库，通过计算机检索技术即可以完成任意要求的档案查询，并通过各种输出设备、通信设备传输查询结果。

第四节 图书馆评估工作

图书馆评估，是用定量或定性的方法对图书馆办馆条件、基础业务建设、读者服务、图书馆业务研究、辅导、协作协调、管理等进行的一种全方位评价，以促进图书馆工作水平的提高，促进图书馆事业的发展。

一、图书馆评估的意义

（1）评估是客观反映图书馆事业和图书馆工作的现状、加强图书馆事业整体建设的宏观调控、促进图书馆事业健康发展的重要手段。

（2）评估是图书馆工作规范化的有力推动。

（3）评估是图书馆自我宣传、争取政府支持、提高社会地位的重要机遇。

（4）评估是促进队伍建设、提高服务效益和服务水平的有效途径。

（5）评估是了解本馆的业务特点和业务水平、找到工作差距、制定本馆工作目标和发展规划的重要依据。

二、评估的方法及需要注意的问题

（一）图书馆工作评估方法

图书馆评估方法一般有以下三种。

（1）计量评估法。即运用数学方法对图书馆工作各类统计数据进行计算和分析，如前文所列的各种具体指标的计算。

（2）等级计分评估法。一种方法是把各项指标按其大小划分等级，依次计分，然后将它们所得分数相加进行总评定；另一种方法是将无法计量的指标，如服务水平等按不同标准分成若干等级，依次记分，然后将各项相加进行评定。

（3）调查评估法。一是口头调查，直接走访读者（用户）以获取对图书馆的评价；二是发放调查表，将调查情况汇总进行评估。

（二）评估工作中需注意的问题

多年的评估工作实践证明，评估工作是一项政策性、学术性、实践性强的工作，对事业发展起着导向性的作用，对工作起着指导性的作用。因此，在组织实施的过程中应本着科学性、导向性和可行性的原则，对不同规模、不同类型的图书馆区别对待、分类指导。

（1）评估工作一般由有关行政领导部门主持进行，有关行政部门领导干部、图书馆专家和各图书馆代表组成检查、评估小组，到各图书馆进行调查、评估。评估与指导要结合起来。评估小组在检查工作时，发现某个图书馆在管理上或业务上存在某些问题时，应及时提出建议或给予指导。

（2）要把评估作为图书馆实现科学发展和科学管理的一种措施，以事业发展为最终目的。评审过程要认真、公正、客观，避免走过场或敷衍了事，杜绝不公正现象。

（3）要将评估与奖励先进、带动后进结合起来。要及时表彰先进的图书馆和优秀的工作人员；对工作开展较差的图书馆提出改进的建议或办法。

（4）对于在调查评估工作中发现的行之有效的管理办法、业务工作的先进经验及现代化手段的应用成果等，要及时进行总结和推广。

三、图书馆评估工作情况（以安徽地区为视角）

为加强对各级公共图书馆的管理，全面掌握公共图书馆的办馆效益和办馆水平，推动图书馆事业的发展，自1994年开始，在文化部的统一部署下，全国县以上公共图书馆积极开展评估定级工作。

公共图书馆评估工作原则上每四年开展一次。1994年开展了第一次公共图书馆评估定级工作，1998年开展了第二次公共图书馆评估定级工作，2004年开展了第三次公共图书馆评估定级工作，2009年开展了第四次公共图书馆评估定级工作。评估工作由文化部统一安排部署。其中，省级图书馆的评估工作由文化部组织实施，地市级图书馆由省文化厅组织实施，县区级图书馆由所在市文化局组织实施。评估结果统一上报到文化部。

评估定级工作的主要内容是各级图书馆的办馆条件和服务水平。根据图书馆事业的发展状况和工作重点，对于每次评估，文化部都制定相应的《省级图书馆评估标准》、《地市级图书馆评估标准》和《县级图书馆评估标准》。各级别图书馆的《评估标准》一般都包括办馆条件、基础业务建设、读者服务工作、业务研究辅导及管理等几大块面，每个块面又包括一些具体指标。评估主要采取定量分析的方法，根据每项指标在事业发展中所占比重而给予不同的分值，总分为1 000分。得分越高，说明办馆条件和办馆效益越好。文化部根据各地上报的评估结果和汇报总结，对于办馆条件较好的，分别命名一级图书馆、二级图书馆和三级图书馆。

评估工作的程序一般是文化部下发文件通知、宣传发动、自查自评、专家组现场评定（包括听取汇报、到各窗口现场查看、翻阅档案材料等）、专家点评反馈等。各地将评估结果上报到省文化厅，文化厅对各地上报的材料进行审核后再汇总上报文化部。

（一）1994年县以上公共图书馆第一次评估定级工作

为做好公共图书馆第一次评估定级工作，文化部于1993年在全国部分图书馆进行了试点工作，安徽也在部分市、县馆先行试点。1994年3月，文化部在武汉召开了"全国公共图书馆评估工作会议"。各地政府和文化主管部门对这次评估工作也给予了高度重视。同年4月26日至27日，安徽省文化厅在合肥召开了全省公共图书馆评估工作会议，落实布置了安徽公共图书馆评估工作的有关事宜。安徽省文化厅和各地市文化局都成立了评估工作领导小组。

1994年5月至6月，安徽公共图书馆评估工作在全省分南北两组展开。全省71个县级图书馆中，除3个因特殊原因暂缓评估外，其余68个均按照要求认真开展了评估工作。评估结果如下，县级馆平均得分467.56分，其中500分以上的县级馆有25个，占36.7%；300~500分的有34个，占50%；300分以下的有9个，占13%。9个地市级图书馆全部参加了评估，平均得分519.2%，其中3个馆得分在600分以上，占1/3。安徽省图书馆也按照要求，迎接了文化部专家组进行的评估工作。

第一次公共图书馆的评估数据表明，安徽省市县级图书馆总体来说处于中下等水平。其中虽然也有少数馆得分在800分以上，但大部分图书馆在硬件和软件方面都有待努力提高。例如，《县级图书馆评估标准》中"办馆条件"占295分，安徽县级馆平均得分只有131分，有12个县级馆在馆舍、总经费、购书经费等指标中得"零"分，有20个馆馆舍面积在200平方米以下；9个地市馆中，有8个馆在总经费上得分为"零"，自动化建设还是空白，从全国来看仍处于落后状态。

（二）1998年县以上公共图书馆第二次评估定级工作

1998年，安徽共有公共图书馆83所，其中，76所市、县级公共图书馆接受了文化主管部门的评估检查，另外7所图书馆因新馆建设或搬迁等未参加评估。

10个参加评估的地市级图书馆的平均得分为695分，比1994年增加了176分，其中，700分以上的有5个，占50%；66个县级图书馆平均得分为549分，比1994年增加了81分，其中600分以上的有27个，占40.9%。

经过文化部评审，安徽省共有40个公共图书馆上等级，上等级率为52.6%，按地区分布如下。

一级馆1个：铜陵市（铜陵市图书馆）。

二级馆10个：合肥市1个，芜湖市1个，安庆市1个，黄山市1个，阜阳市3个，宣城地区1个，巢湖地区2个。

三级馆29个：合肥市1个，芜湖市1个，蚌埠市2个，淮南市1个，马鞍山市2个，淮北市2个，铜陵市1个，安庆市4个，黄山市1个，阜阳市2个，宿县地区1个，六安地区2个，宣城地区5个，巢湖地区1个，池州地区3个。

同1994年第一次评估相比，安徽各级图书馆在办馆条件、基础业务建设、读者服务工作等方面都有了明显改善和提高。评估中反映出来的问题主要有以下3个方面。一是购书经费短缺。1997年，安徽人均购书经费为0.043元，人均藏书为0.27册，远远低于全国人均购书费0.12元、人均藏书0.27册的平均水平。1997年，安徽有9个县级馆因无购书经费而未购买一本新书。二是馆舍问题。1997年，安徽县级馆平均面积563平方，远低于800平方的最低标准。三是现代化建设步伐相对滞后。

（三）2004年县以上公共图书馆第三次评估定级工作

按照文化部［2002］54号关于开展2003年县以上公共图书馆评估定级工作的通知要求，安徽省文化厅成立了评估工作领导小组。2003年2月，文化厅派3名同志赴郑州参加全国第三次公共图书馆评估工作培训班学习；之后，又举办了全省地市县公共图书馆馆长、社文科科长培训班，对评估指标体系、评估意义、迎评工作等进行培训讲解。2004年4~6月，各市完成了市级公共图书馆的自评及对所辖县区图书馆的评估验收工作。2004年6~7月，省文化厅完成了对市级公共图书馆的实地评估验收工作。

截至2004年，安徽省有公共图书馆84个，其中，省级图书馆1个、市级图书馆12个、市级少儿馆2个、县级图书馆69个。除因拆迁或新馆建设未参评的外，9个市级图书馆、2个市级少儿馆、53个县级图书馆都参加了评估。

评估结果如下。市级馆中，合肥市图书馆、铜陵市图书馆、马鞍山市图书馆、合肥市少儿图书馆总分在900分以上，安庆市图书馆得分在800分以上，淮南市图书馆、阜阳市图书馆、巢湖市图书馆、淮南市少儿图书馆得分在600分以上；县级馆中，太湖县图书馆得分在900分以上，五河县图书馆、歙县图书馆、无为县图书馆总分在800~900分，得分在700~800分的有5个，得分在600~700分的有13个。

经过文化部评审认定，安徽省第三次公共图书馆评估定级结果如下。

一级图书馆5个，分别为合肥市图书馆、铜陵市图书馆、马鞍山市图书馆、太湖县图书馆和合肥市少儿图书馆。

二级图书馆4个，分别为安庆市图书馆、五河县图书馆、歙县图书馆和无为县图书馆。

三级图书馆23个，分别为淮南市图书馆、阜阳市图书馆、巢湖市图书馆、东至县图书馆、临泉县图书馆、蒙城县图书馆、濉溪县图书馆、潜山县图书馆、当涂县图书馆、萧县图书馆、含山县图书馆、芜湖县图书馆、和县图书馆、金寨县图书馆、淮南市潘集区图书馆、宿松县图书馆、六安市金安区图书馆、霍邱县图书馆、肥西县图书馆、亳州市谯城区图书馆、长丰县图书馆、贵池区图书馆、淮南市少儿图书馆。

（四）2009年县以上公共图书馆第四次评估定级工作

为做好第四次评估工作，文化部下发了《关于开展县以上公共图书馆第四次评估定级工作的通知》（办社图发［2009］8号），安徽省文化厅以皖文秘［2009］92号下发了文件通知。根据文化部的统一安排，2009年8月，各市、县文化主管部门和图书馆对照评估标准补差补缺，完成了自评工作。2009年9月，各市文化局完成了对所辖县（区）图书馆的评估工作。2009年10月11日至22日，省文化厅组织省级专家评估组，分2组赴全省对市级图书馆进行了评估。

安徽省辖17个市，截至2009年，有县级以上公共图书馆91个，其中，省级图书馆1个、市级图书馆13个、市级少儿图书馆2个、县级图书馆75个。本次参评情况：市级馆中，有13个（包括2个少儿馆）均参加了评估；县级馆中，有63个馆均参加了评估。76个参评馆得分情况：得分900分以上的有8个，得分800~900分的有22个，得分800~700分的有21个，得分600~700分的有9个。

本次评估带动了各级党政领导对图书馆事业的重视和支持，使文化行政主管部门掌握了图书馆事业发展的第一手资料，促进了图书馆的业务建设，为图书馆事业的发展注入了新的活力。评估数据反映，自2004年第三次评估以来，安徽省公共图书馆事业取得了比较大的发展。主要表现为馆舍面积大大增加、办馆条件明显改善；队伍整体素质明显提高；读者服务工作不断改进；特别是县级图书馆共享工程建设快速推进。同时，本次评估也反映出安徽省图书馆事业发展中存在的不足，主要表现为经费投入偏低、购书经费严重不足；现代化技术应用仍然落后；档案管理工作亟待加强；图书馆人主动出击意识不强。

（五）高校图书馆评估工作

1989年5月，全国高校图书情报工作委员会下发了《关于建立普通高等学校图书馆评估制度的意见（草案）》和《普通高等学校图书馆评估指标体系大纲（草案）》。1990年2月，安徽省教育委员会和安徽省高校图书情报工作委员会在巢湖师专召开了“全省普通高校图书馆评估试点工作研讨会”，并确定在华东冶金学院和蚌埠医学院开展图书馆评估试点工作。1991年，安徽省教委成立了高校图书馆评估领导小组，负责全省高校图书馆评估的计划、安排、检查和总结。领导小组成员由省教委负责同志、省高校图工委常委和图书馆专家组成。

在总结两校图书馆评估试点工作的基础上，1991年3月，安徽省高校图书馆评估工作领导小组制定了《安徽省普通高等学校图书馆评估实施意见》，并组织修订了《普通高等学校图书馆评估指标及计分细则》。该评估指标体系设三项指标，每一级评估指标均采取百分制加权重的计分方法，即每一级每一项指标的最高分值均为100分，乘以权重系数所得的分值就成为上一级指标100分中的分值。指标体系中的各项统计如表5-1所示。

表5-1　安徽省普通高等学校图书馆评估指标

一级指标名称	代号	二级指标名称	三级指标名称	一级指标在总评中的分值
办馆条件	A	6	13	25
读者服务水平	B	3	11	30
文献工作水平	C	3	8	22
现代技术水平	D	2	3	8
科学管理水平	E	3	7	15
成果附加	F	2	6	20
合计	6	19	48	120

办馆条件（A）是学校办好图书馆的必要条件，图书馆工作水平（B—E）和成果附加（F）则用于评价一个馆在一定条件下经过自身努力取得的工作成绩和具体表现，也是衡量办馆水平和办馆效益的主要标志。

办馆条件等级评定标准如下：

• A=20分以上，定为甲级（优）；

• A=17分以上，定为乙级（良）；

• A=15分以上，定为丙级（中）；

• A=15分以上，定为丁级（差）。

办馆水平等级评定标准如下：

• B+C+D+E+F=76分以上，定为甲级（优）（专科院校60分以上）；

• B+C+D+E+F=66分以上，定为乙级（良）（专科院校52分以上）；

• B+C+D+E+F=57分以上，定为丙级（中）（专科院校45分以上）；

• B+C+D+E+F=57分以上，定为丁级（差）（专科院校45分以上）。

办馆效益是衡量一个图书馆的社会效益和经济效益的具体指标，办馆效益系数的计算取B+C+D+E+F/A的值。

评估程序如下。

（1）各高等学校成立图书馆评估领导小组，由分管校长任组长，图书馆馆长任副组长。图书馆成立评估工作小组，负责开展各项具体工作。

（2）各高校图书馆组织全馆人员认真学习有关文件，明确评估目的，掌握评估的内容和方法。

（3）根据省高等学校图书馆评估指标及计分细则进行自测、自评，填写评估表格，提供评估数据和材料，并写出自评报告。

（4）在各高校图书馆自评基础上，全省分成合肥、皖南、皖北和师专四个组开展互评。在互评前，由省高校图书馆评估领导小组派出专家进行试评，以便统一掌握评估标准及计分细则。

（5）开展互评或专家评估都必须首先审查自评报告，然后到各校进行实测和评分。实测时，既要听取学校和图书馆领导的介绍，也要在全面检查、认真分析的基础上，客观评价各馆的优势和存在的问题，为各馆进一步改进工作提出合理化建议，并根据实测结果，写出评估意见报省评估领导小组。

（6）评估领导小组对互评中提出的评分和评估意见进行审定。如有必要可派专家组进行抽查。最后，提出全省评定等级及评估报告上报省教委。

（7）省教委对评估领导小组上报的评分定等及评估报告进行审查，对评估工作进行总结，向全省通报。

四、从评估数据看安徽地市级公共图书馆的发展状况——基于第四次全国公共图书馆评估数据的考察

地市级公共图书馆是我国公共图书馆的重要组成部分，是一个地级城市的信息服务中心，在省级和县级公共馆中起着纽带和桥梁的作用。但一直以来，学者和研究者们没有对地市级公共图书馆给予应有的关注，他们大多把眼光集中在县级公共馆和省级公共馆上。2010年6月3日，笔者利用重庆维普"中文科技期刊数据库"，以"题名或关键词"作为检索点，分别输入"公共图书馆"、"省级公共图书馆"、"地市级公共图书馆"和"县级公共图书馆"4个词，得到的检索结果依次为："公共图书馆"7 809条、"省级公共图书馆"106条，"地市级公共图书馆"38条、"县级公共图书馆"284条。其中，38条"地市级公共图书馆"这一主题中，就地市级公共图书馆工作的某一环节论述的较多，如关于地市馆的读者服务、地市馆的现代化建设等。针对某一省地市级公共图书馆的整体发展状况进行分析和总结的文章几乎没有。

安徽经济发展在全国处于中等水平，考察其公共图书馆的发展状况，对于了解全国公共馆的发展具有一定的借鉴意义。将着眼点落在市级馆上，对于学者和研究者们研究我国地市级公共馆的发展情况或许能起到抛砖引玉的作用。文化部主持的全国公共图书馆评估工作，是检验一个馆办馆水平和办馆效益的重要抓手，是体现一个馆发展状况的重要依据。特别是2009年开展的"第四次全国县级以上公共图书馆评估"，其结果被纳入对政府进行政绩考核的一项指标，因此在公共图书馆界受到前所未有的重视。2009年，笔者有幸作为省级专家全程参与了安徽省地市级公共馆的评估工作。通过与当地文化官员的接触、与馆长们的探讨，以及与一线员工的交流，对于地市级图书馆的了解比阅读评估报告更全面、更系统，比单纯的统计数据更深刻、更真实。本文拟从评估指标中提炼出一些特别有价值的数据，并对其进行分析和比较，以全面反映安徽省地市级公共馆的发展现状。

（一）评估结果

安徽省辖17个地市。截至2009年，有县级以上公共图书馆91个。其中，省级图书馆1个、市级图书馆13个、市级少儿图书馆2个、县级图书馆75个。第四次全国公共图书馆评估定级工作中，安徽91个县以上公共图书馆中有77个参加了本次评估。根据文化部公布的结果，安徽有66个公共图书馆获得等级馆称号，其中8家公共图书馆被评为一级馆，11家公共图书馆被评为二级图书馆，47家公共图书馆被评为三级图书馆。公共图书馆上等级率为85.71%，高于全国公共图书馆上等级率6个百分点（全国2 234个公共图书馆参评，上等级率为79.85%。）。

安徽省地市级图书馆中，除淮北市馆和蚌埠市馆因新馆建设未参加外，其他11个均参加了评估。从评估得分看，市级图书馆中的合肥市图书馆、芜湖市图书馆、铜陵市图书馆、马鞍山市图书馆得分均在950分以上，其中，合肥市图书馆得分为980分，为全省最高。而全省75个县级馆中，得分900分以上的只有3个。

地市级馆的评估结果如表5-2所示。

表5-2　2009年第四次全国公共图书馆评估定级结果（安徽地区地市级）

单位名称	合肥市图书馆	芜湖市图书馆	铜陵市图书馆	马鞍山图书馆	巢湖市图书馆	安庆市图书馆	阜阳市图书馆	宣城市图书馆	淮南市图书馆	滁州市图书馆	池州市图书馆
等级	一级	一级	一级	一级	二级	二级	三级	三级	未上等级	未上等级	未上等级

表5-2显示，安徽11个地市级参评馆中，有8个上等级，上等级率为73%，上等级率低于全省，也低于全国。其中，一级馆4个，占参评市级馆总数的36%；二级馆2个，占参评市级馆总数的18%；三级馆2个，占参评市级馆总数的18%；未上等级的3个，占参评市级馆总数的27%。

与2004年评估相比，在2004年“全国第三次县级以上公共图书馆评估”中，安徽地区的上等级率为50%。参加评估的市级馆中，合肥市图书馆、铜陵市图书馆、马鞍山市图书馆为一级馆，安庆市图书馆为二级图书馆，淮南市图书馆、阜阳市图书馆、巢湖市图书馆为三级馆。从表5-2可以看出，本次情况基本未变（芜湖市馆2004年未参加评估）。有所调整的是，巢湖市图书馆从2004年评估的三级馆升为二级馆；淮南市图书馆从2004年的三级馆降格成未上等级；宣城市馆2004年评估为未上等级，而在2009年则上为三级。

（二）发展现状

1. 人员情况

安徽省市级公共馆人员构成情况如表5-3所示。

表5-3 安徽省市级公共馆人员构成情况

单位名称	合肥市图书馆	芜湖市图书馆	铜陵市图书馆	马鞍山图书馆	巢湖市图书馆	安庆市图书馆	阜阳市图书馆	宣城市图书馆	淮南市图书馆	滁州市图书馆	池州市图书馆
职工人数	48	19	39	56	32	30	33	6	30	7	8
本科人数比率	58%	53%	39%	28%	33%	30%	36%	33%	55%	0	12%
中高级人数比率	56%	58%	65%	50%	50%	90%	45%	33%	57%	27%	50%
专业论文数量	6	6	4	2	6	6	6	0	6	0	2

11个参评馆中，职工总数为308，平均每馆28人。其中，马鞍山图书馆人数最多，为56人。宣城市馆、滁州市馆和池州市馆的人数均在10人以下，与其行政级别极不相符（注：根据2008年安徽文化统计资料，2008年安徽省88个县市级公共图书馆总人数为1 022，平均每馆人数为11.6）。其主要原因在于这3个馆都是在原来县级馆的基础上升格为市级馆的，但其编制还未升格到位。

从本科人数比率来看，11个参评馆的平均比率为37.5%，其中，合肥市图书馆拥有本科学历的人员占职工总人数的比例最高，为58%，而滁州市则为0。

从中高级职称人数占业务人员总数的比率来看，11个参评馆的平均比率为53%。其中，安庆市图书馆中高级职称人数的比率最高，为90%。该馆业务人员有22人，其中，17人有中级职称，3人有高级职称。其原因是近年来该馆未引进新人。从发表专业论文的数量来看，11个参评馆的总数为44篇，平均数量为4篇，最多的达6篇，最少的为0篇。从各馆提供的档案材料来看，员工所发表的文章有2个主要特点：一是作者比较集中，这主要是职称评审时需要论文的缘故；二是在省学会中获奖的论文占有一定的比例。

2. 办馆条件

安徽省地市级公共馆为馆条件如表5-4所示。

表5-4　安徽省地市级公共馆办馆条件

单位名称	合肥市图书馆	芜湖市图书馆	铜陵市图书馆	马鞍山图书馆	巢湖市图书馆	安庆市图书馆	阜阳市图书馆	宣城市图书馆	淮南市图书馆	滁州市图书馆	池州市图书馆
馆舍年代	2003	2008	1992	2009	1987	1990	1987	1986	1967	1980	2006
馆舍面积	15 000 m^2	14 800 m^2	8 234 m^2	20 000 m^2	8 000 m^2	6 000 m^2	2 448 m^2	2 000 m^2	3 050 m^2	930 m^2	2000 m^2
阅览座席	600个	620个	788个	2 000个	200个	302个	66个	200个	200个	/	200
财政拨款	650万	870万	346万	200万	240	200万	143万	50万	141万	60万	40万
新增购置费	160万	374万	90万	100万	60万	31万	17万	30万	0	10万	0

从馆舍年代看，11个馆中，建于21世纪的有4个馆，建于20世纪80年代的有4个馆，建于20世纪90年代的有2个馆。最早的淮南市图书馆建于1967年，是老馆舍，距今已有43年的历史。从馆舍面积看，最大的是2009年建成并投入使用的马鞍山图书馆，面积达2万平方米。而最小的滁州图书馆，面积为930平方米。根据第四次地市级图书馆评估标准，馆舍面积达到2 000平方才能得到最低分。

从阅览座席的数量来看，最多的是马鞍山图书馆，有2 000个；最少的是滁州市图书馆，笔者在现场看到该馆只有一个阅览室、几张阅览桌、几把椅子，基本上可以说没有向读者提供阅览座席。

从财政投入来看，2008（2009）年安徽省11个地市级图书馆财政拨款的平均数是267万元。但在平均数以上的只有合肥市、芜湖市和铜陵市的3个图书馆，而其他8个馆的财政投入均在240万以下。最少的池州市图书馆才40万，仅是投入最多的芜湖市图书馆的4.5%。从新增购置费看，最多的芜湖市图书馆为374万元；淮南市图书馆和池州市图书馆均为0元，即2008（2009）年购书经费还停留在原来的标准上。

3. 各馆总藏量和2008年入藏数量

安徽省地市级公共馆文献收藏情况如表5-5所示。

表5-5　安徽省地市级公共馆文献收藏情况

单位：万册/件

单位名称	合肥市图书馆	芜湖市图书馆	铜陵市图书馆	马鞍山图书馆	巢湖市图书馆	安庆市图书馆	阜阳市图书馆	宣城市图书馆	淮南市图书馆	池州市图书馆	滁州市图书馆
总藏量	51	40	38.3	60	30	32	12.1	8	21	9	9
2008年入藏数量	3.3	3.5	2.6	3	1.3	1	0.3	1.23	0.15	0.3	—

表5-5显示，11个地市馆的总藏量平均为28.2万册/件，最少的宣城市图书馆的总藏量为8万册。2008年新入藏数量（包括图书、报刊、电子文献、视听资料等），除滁州市馆外，其他10个馆的平均入藏量为16 675册/件。这些数字中，纸质书刊数量所占比例并不大，主要是电子文献。因为相对来说，电子文献价格便宜，不占用物理空间。

4. 现代化技术装备、数据库建设、自动化网络化建设情况

安徽省地市级公共馆现代化建设情况（三项总得分）如表5-6所示。

表5-6　安徽省地市级公共馆现代化建设情况（三项总得分）

单位名称	合肥市图书馆	芜湖市图书馆	铜陵市图书馆	马鞍山图书馆	巢湖市图书馆	安庆市图书馆	阜阳市图书馆	宣城市图书馆	淮南市图书馆	池州市图书馆	滁州市图书馆
该项评估得分	110	106	106	110	39	97	4	93	20	0	0

第四次评估中，对各项指标的赋分情况是：现代化技术装备30分，数据库建设35分，自动化网络化建设45分，三项总分110分。从表5-6可以看出，11个馆中有4个馆得分在100分以上，有2个馆得90多分，其他5个馆得分都很低，池州、滁州2个馆得0分。这组统计数据说明安徽有将近一半的地市级公共图书馆的现代化建设任务还很重，有1/3的地市馆的现代化建设还是空白。

5. 共享工程建设情况

安徽省地市级公共馆共享工程建设情况如表5-7所示。

表5-7 安徽省地市级公共馆共享工程建设情况

单位名称	合肥市图书馆	芜湖市图书馆	铜陵市图书馆	马鞍山图书馆	巢湖市图书馆	安庆市图书馆	阜阳市图书馆	宣城市图书馆	淮南市图书馆	池州市图书馆	滁州市图书馆
该项评估得分	48	50	49	50	35	38	20	10	0	0	0

表5-7反映出来的结果跟表5-6的结果密切相关，因为这项工作是需要现代化设备来支撑的。评估中该项满分为50分，11个馆中有6个馆及格，即得分在30分以上；淮南、池州、滁州市3个馆得分为0，这种情况即使在安徽省的县级馆中也很少见。

（三）结论

以上7个表格主要从硬指标方面考察了安徽省地市级公共馆的发展状况。通过对这些数据进行梳理，以及横向和纵向的比较，我们可以得出以下结论。

（1）总体来看，在我国公共图书馆体系中，地市级公共馆与其应有的位置相匹配，与其行政级别相呼应。即地市级馆的发展状况和发展空间比县级馆好，比省级馆差。从政府重视程度、政府投入、办馆条件等来看，地市级馆的情况相对来说比县级馆更好一些；从基础业务工作，到读者服务、业务研究等各个工作环节来看，地市级馆比县级公共馆做得更扎实一些，从服务理念到服务意识，都比县级馆更进步一些；从管理来看，地市级馆比县级馆做得更到位一些。但是，与省级馆相比，地市级馆存在的差距还是比较大，无论是软件还是硬件，地市级馆都要向省级馆看齐。

（2）地市级公共馆发展的地区差异明显。从安徽省来看，皖江地区地市级公共馆的发展普遍比皖北快。从2009年的评估结果来看，得分最高的为980分，而得分最低的才132分。这里有多方面的原因，但最主要的还是因为安徽皖江地区，如芜湖、铜陵、马鞍山等地的经济发展相对更快，而皖北，如阜阳和淮南、淮北等地经济相对落后。这充分验证了图书馆这样的公共文化服务机构的发展状况与当地经济发展水平密切相关。图书馆主要是靠政府财政投入才能生存，才能发展。

（3）有些市级馆是由原来的县级馆升格演变而来的。这些市级馆虽然行政级别升高了，但其他配套的升格并未到位，馆舍面积、人员数量和质量、政府投入、管理等各个方面都还在按照原来县级的模式运作。地方没变、人员没变、思路没变，甚至投入也没变。在这样的背景下，这些馆的发展就受到制约，与其他市级馆相比，就显得落伍，甚至某些方面的工作比县级馆还差。

（4）安徽行政区域上有17个地市，但目前只有13个地市有市级公共馆。六安市、黄山市、亳州市和宿州市仍然无市级馆。有些地市的市级馆虽然有了，但规模和水平急需扩大和改善，如滁州市馆、宣城市馆等。池州市馆在当地政府的指导下与池州学院图书馆进行了合并，但由于配套的一系列工作未做好，导致该馆几年来工作都没有进展，市图书馆的地位很尴尬。因此，安徽地市级公共图书馆的网点建设，即图书馆的新建、扩建、改建等工作任务还很艰巨。

（5）近年来，随着国家经济的快速增长，国家和省级财政都加大了公共文化服务体系建设投入的步伐，出台了有关的政策和法规，也设立了一些专项资金。但有些资金只是针对基层的，而把市级馆漏在一边。例如“文化共享工程”建设，近年来国家和省级财政都投入了大量资金来进行这项工作，但这些资金明确规定只划拨给县级支中心。地市级馆的共享工程建设只能靠当地的市财政支持，如果当地财力不足的话就没有这一专项投入，结果是地市级馆的共享工程建设整体推动力度没有县级馆的大。这种现象在全国其他中西部地区也比较明显。

（6）图书馆工作人员的主观能动性不可忽视。对于一个馆的发展来说，无论该馆是市级还是县级的，职工的事业心、创新精神和奉献精神都起着至关重要的作用。特别是本单位领导的引领和带头作用尤为明显。

（四）下一步发展需要解决的问题

1. 政府要加大投入

近年来，随着国家和政府对公共文化事业的重视，各地对图书馆事业的投入也在逐年递增。但总体来看，政府对公共图书馆事业投入的增长幅度还有待提高。与其他一些省政府对图书馆的经费投入相比，安徽省的差距依然明显。公共图书馆评估指标中的办馆条件、资源建设、读者服务等，都需要经费来支撑。巧妇难为无米之炊，没有经费，图书馆就不能补充资源，就难以形成服务能力、创造好的阅读环境，就不能有效地开展活动。因此，政府投入的多少与图书馆功能的发挥、办馆效益的大小紧密相关。作为公益机构，图书馆对社会的回报，主要体现在社会效益上，且这种社会效益是隐形、渐进的，很难量化。政府应该充分考虑到图书馆回报的长期性，考虑到与投资企业的不同性，继续给予图书馆必要的重视和支持，保证公共图书馆事业经费的增长速度不低于当年财政收入的增长速度。

2. 图书馆工作人员要积极进取

图书馆办馆水平如何，固然是多种因素综合作用的结果，但其中起重要作用的还是图书馆工作人员自己。评估中所反映出来的一些地市级图书馆人思想认识滞后的现象依然存在，从而造成图书馆“硬件不硬”、“软件很软”的状况。表现在一些管理者身上则是，很多人抱着等、靠、要的态度，工作不积极不主动，缺乏改革创新意识，观念老化守旧，不适应新形势对图书馆的要求，也不符合图书馆自身发展规律的需求。图书馆工作人员特别是管理者应该顺应时代的发展，牢固树立为读者服务理念，努力克服思想认识上的片面性和局限性，摒弃消极被动和传统僵化的思维方式，谋服务、谋发展、谋地位，在服务读者、服务社会中体现自己的价值，在公共文化服务体系建设中作出自己应有的贡献。

自产生之日起，图书馆就是重要的文化科学和教育机构，在保存人类文化遗产、传递文献信息、开发智力资源和开展社会教育等方面发挥了其他机构不可替代的作用。评估工作对地市级公共图书馆的发展状况进行了全面的展示，给公共图书馆的发展带来了新的活力。公共图书馆也因此迎来了新的机遇。随着我国地市级城市的飞速发展，作为城市文明象征的图书馆也必将厚积薄发，趁势而上。

第六章

数字图书馆

如前所述，受外部环境和内在因素的共同驱动，传统的图书馆在工作理念、工作重心、馆藏结构、服务对象、服务手段等方面都发生了深刻的变化，图书馆正在转型。图书馆转型的最终目标是数字图书馆（Digital Library）。数字图书馆自1993年在美国率先提出以来，短短十余年的时间，在世界各地得到了迅速发展，与其相关的概念有虚拟图书馆（Virtual Library）、多媒体图书馆（Multimedia Library）、全球图书馆（Globe Library）、无墙图书馆（Library without Wall）等。建设数字图书馆是世界图书馆事业发展的必然趋势。

建设数字图书馆、实现信息载体的计算机可识别化，打破了图书馆的物理时空界限，实现了真正意义上的资源共享；数字图书馆环境下，文献的利用不受复本限制，多人可同时调阅一种文献，从而扩充了信息的传播范围；数字图书馆使信息的查询和检索更加快捷和便利，互动性更强，可从多角度、多侧面甚至某一个知识单元去查找所需要的信息；另外，数字化的多媒体特征使读者可以享受很好的视听效果，增强了阅读的兴趣和效率。

第一节　数字图书馆的概念与功用

一、数字图书馆的概念

“数字图书馆”一词是由英文Digital library翻译而来的，随着数字图书馆的不断发展和人们对数字图书馆研究的不断深入，关于数字图书馆的定义也在逐渐增多。其中，较有代表性的有以下几种。

• 数字图书馆是一种有纸质图书馆外观和感觉的图书馆报单。在这里，图书资料已被数字化并存储起来，而且能在网络化的环境中被本地和远程用户存取，还能通过复杂和一体化的自动控制为用户提供先进的、自动化的电子服务。

• 数字图书馆是保存数字格式存储的电子文献并通过计算机和网络传递所藏的数字化信息，同时对网上信息进行虚拟链接并提供服务的信息机构。

• 数字图书馆是以数字形式存储和处理信息，并通过计算机等高科技技术进行服务的图书馆。

• 数字图书馆是对各种有价值的信息、包括网上电子信息和多媒体信息等进行收集、整理和规范性加工，以标准化方式进行保存、维护和管理，以计算机可读形式提供各种信息的检索与传播，并提供在广域网上跨库链接的电子存取服务。

• 数字图书馆就是运用当代信息技术对数字信息资源进行采集、整理和储存，并向所有连接网络的用户提供，为一定的社会政治、经济服务的文化教育机构。

• 数字图书馆是全球信息高速公路的信息资源的基本组织形式，这一形式满足了分布式面向对象的信息查询需要。

• 数字图书馆的准确定义应该是超大规模的、分布的、可以跨库检索的海量数字化信息资源库。

这些定义尽管用字不同、说法各异，但经过分析，数字图书馆定义包含如下几层含义。

首先，数字图书馆是对传统图书馆的发展和延伸，是图书馆的一种新型形式，其本质仍然是发挥收集、加工、整理、保存文献信息与提供文献信息服务的功能。

其次，数字图书馆是一个分布式的大型知识库，即以分布式海量数据库为支撑，基于智能检索技术和宽带高速网络技术的大型、开放、分布式的信息库群。数字图书馆的实质是把图书馆馆藏的各种信息经过数字化之后按照一定的标准和规范进行重新加工和组织，形成的一个知识库。

第三，数字图书馆依附于网络而存在，其对内的业务组织和对外的服务都是以网络为载体的，得益于网络也受制于网络。

二、数字图书馆的特征

数字图书馆的基本特点大致可以概括为：信息资源数字化、信息资源传递网络化、信息资源共享化、信息技术集成化、服务全面快捷。

（一）信息资源数字化

文献信息资源的数字化是数字图书馆的基础，也是数字图书馆与传统图书馆的最大区别。数字图书馆文献资源的存储介质为电子计算机，其信息元素是计算机能够识别的由“0”和“1”组成的无数个比特（bit）和字节（byte）。因此，数字图书馆服务的载体是数字化的信息资源。任何数字图书馆都必须具有一定规模并在内容或主题上相对独立的数字化信息资源。数字图书馆不仅应该包含对传统图书馆所藏文献进行数字化而形成的数字化资源，而且还应该包括电子图书、电子期刊以及网上的数字资源。

（二）信息资源传递网络化

计算机和通信的结合将人们带入了信息网络时代，网络的含义已经被定格在因特网（Internet）或企业内部网（Intranet）之上，局域网、广域网以及它们之间的相互联结把信息处理、信息传递带进了一个全新的网络境界。文献信息数字化是数字图书馆得以存在的基础，而高速的数字通信网络则是数字图书馆得以正常运转的大动脉。网络和系统不畅通，数字图书馆就失去了其真正意义。数字图书馆的信息资源通过纵横交错的电子网络传输到众多用户的手中。通过网络，用户可以对远程的数据库进行联机浏览、检索和套录。因此，数字图书馆的信息资源依附于网络而存在，其对内的业务组织和对外的信息服务都必须以网络为载体。

（三）信息资源共享化

实现信息资源共享是数字图书馆产生和发展的主要目的之一。由于数字图书馆具有信息资源数字化和网络化的特征，这为信息资源的馆际共享和广大用户的检索利用创造了便利条件，使得用户可以通过计算机终端和因特网随时随地访问数字图书馆。凡连接到网络上的图书馆信息资源，所有与网络连接的用户，无论何时、何地都可利用，从而实现信息资源的高度共享化。

（四）信息技术集成化

多种信息技术的集成利用，使数字图书馆的建设成为可能。其涉及的技术有：数字化技术、数据库技术、网络技术、多媒体信息处理技术、超文本技术、信息压缩与传送技术、高密度存储技术、安全保密技术、图像扫描技术、数据仓库与联机分析处理技术、数据挖掘技术、信息检索技术等。

（五）服务全面、快捷、方便

与传统图书馆不同，数字图书馆将图书、期刊、照片、声像资料、数据库、网页、多媒体资料等各类信息通过计算机和网络相关技术的处理，变成可以在网络上自由传播、利用的数字资源，有机地将多种信息资源组织并连接起来。数字图书馆能够通过完备的检索系统为用户一次性地提供某一主题的目录、论文和著作的全文、照片、图像、声音等各种知识信息，由信息提供的多次满足转变为信息提供的一次满足，从而使其服务更加全面。数字图书馆可以为用户提供即时性的服务，用户通过计算机终端和因特网访问到所需信息以后，可以即时从网络上下载，而不需要办理传统图书馆环境下所需的各种繁杂的手续。数字图书馆还解除了传统图书馆地点、时间的限制，用户不必亲自到图书馆，通过计算机网络，在办公室或家里，就可以使用图书馆的信息。用户在联机检索中遇到问题时，可以向馆员要求导航服务，馆员与用户之间的互动性大大提高。

三、数字图书馆的功能与作用

1975年，国际图联在法国里昂召开大会，对图书馆的作用和职能进行了专题讨论。会议一致认为，图书馆的社会职能主要有以下4种。

（一）保存人类文化遗产

图书馆的产生，是保存人类文化遗产的需要。因为有了图书馆这一机构，人类社会实践所取得的经验、文化和知识才得以系统地保存并流传下来，成为今天人类宝贵的文化遗产和精神财富。

（二）开展社会教育

随着社会的不断进步和发展，越来越要求人们有较多的劳动知识和劳动技能，图书馆从而真正走入了平民百姓当中，担负起了进行科学知识文化教育的任务。现代社会中，图书馆成为继续教育、终身教育的基地，担负了更多的教育职能。

（三）传递科学情报

传递科学情报，是现代图书馆的一个重要职能。图书馆丰富、系统、全面的图书信息资料，成为图书馆从事科学情报传递工作的物质条件。在信息社会，图书馆的科学情报功能得到了更进一步的加强。

（四）开发智力资源

图书馆收藏的包括纸质图书资料在内的各种文献，是人类长期积累的一种智力资源。图书馆对这些资源的加工、处理，是对这种智力资源的开发。同时，图书馆对这些文献资源的提供利用，是开发图书馆用户的脑力资源。换言之，图书馆承担有人才培养的职能。

另外，图书馆作为一个文化教育机构，在人民生活水平日益提高的今天，还为人民群众提供了第五种功能——文化娱乐。图书馆提供的服务，满足了社会对文化娱乐的需要，丰富和活跃了人民群众的文化生活，在精神文明建设当中，起到了不可忽视的作用。

数字图书馆作为现代社会高科技的产物，通过集成各种与计算机和网络有关的技术将文献资源数字化，使人们通过网络访问数字图书馆，方便快速地获取所需的信息资源，通过先进的信息技术手段行使图书馆的职能。尽管数字图书馆和传统图书馆在本质上是一样的，但是数字图书馆作为传统图书馆的延伸和发展，其功能也得到了延伸和发展。而且随着数字图书馆的不断发展，其功能也在不断地发生变化。和传统图书馆相比，数字图书馆在信息存储、信息管理、信息服务、社会教育等方面都有其独特的功能。

（一）大容量信息存储功能

保存文献信息是图书馆最主要的职能，是其他一切功能的基础。只有在有效存贮的前提下，图书馆才是有本之木、有源之水。可以说，人类物质文明与精神文明的许多重要成果正是由于历代图书馆的建设与发展而完好保存的。传统图书馆的主要收藏对象是纸质文献，受存储空间的影响，其存储容量非常有限。数字图书馆以电子介质为信息存储的载体，其收藏对象是以“0”和“1”为主体的数字信息，以数字和比特的方式贮存信息内容。在贮存信息的数量上是可以无限扩展的。目前的海量存贮技术已经可以将一个小型图书馆放在电脑里或者光盘上，一张1.44兆的磁盘一般能存储70万字的图书。

（二）智能化管理功能

数字图书馆运用智能技术对其信息库进行智能化管理，它一般通过一个功能强大的检索软件来实现，一旦信息按一定的标准转化为数字方式进入到这个检索体系中，信息就成为有序化的逻辑整体。数字图书馆的管理功能主要体现在三个方面。一是智能更新，即它能够动态地维持信息库的增长，及时更新信息，并能根据读者的检索要求跟踪最新的信息；二是智能挖掘，数字图书馆的管理可以突破文献单元的局限，进行以知识单元为基准的信息挖掘和知识重组，把管理的触角深入到了信息的知识内核；三是智能检索，数字图书馆支持多种途径的信息检索，不仅速度快，查全率、查准率高，更重要的是它能够按读者特定方式对所查得的文档进行组织和编辑，用读者要求的格式输出。数字图书馆的管理功能为数字资源的开发利用提供了极大的拓展空间。

（三）优质信息服务功能

为用户提供优质的信息服务是传统图书馆的宗旨，同样也是数字图书馆永恒的主题。数字图书馆将改变传统图书馆信息存储、加工、管理和使用的方式，借助网络环境和高性能计算机等先进手段为广大社会成员提供优质的信息服务，用户无论在何时何地都可以通过计算机终端和网络自由地获取信息资源。数字图书馆不仅可以利用数字化、网络化的优势，通过网络导航服务，为用户提供快捷、方便的服务，实现用户无阻断的信息需求，还可以根据用户的要求，实行用户定制服务，使用户快捷、迅速地得到所需要的信息，节约大量的时间成本和物质成本。数字图书馆的服务功能为图书馆在信息社会中的发展提供了广阔的前景。

（四）通信功能

数字图书馆与传统图书馆最大的区别在于它具有通信功能。数字图书馆所提供的通信服务器和网络工作站，能供用户与国内外网络相连，进行各种业务通信和随机访问。在网络互联技术的支持下，不同的数字图书馆个体之间可以通过网络来实现资源共享，电子邮件、远程文件传输可以快速方便地完成多媒体数据的传递，从而克服了传统图书馆之间的时空分隔，通过友好、个性化和智能化的人机交互界面实现网络信息服务。数字图书馆能有效地将信息资源连结成为一个虚拟的信息库群，提高图书馆的资源效益。数字图书馆的通信功能同时促进了数字资源的全球化。

（五）广泛开展社会教育功能

开展社会教育历来是图书馆的基本职能之一。在知识经济时代，终身学习已成为时代潮流。传统图书馆的那种在服务时间、服务场所等方面都有严格限制的阵地式服务已无法满足广大社会成员的需求。数字图书馆则可以超越时空的限制，以其特有的数字化、网络化优势在知识经济时代开展最广泛的社会教育，尤其是信息素养教育。

数字图书馆以其对信息资源的整理加工和有序组织可以最大限度地突破时空界限，营造出全民终身教育的良好环境。随着计算机技术和网络技术的进一步发展和普及，人们可以通过计算机终端和网络，随时随地学习。学习者可在自己最有利的时机，有针对性地根据自己的知识功底来选择最合适的教学内容和进度。通过多媒体技术和网络技术，数字图书馆还可以为社会成员提供图文音像并茂、丰富多彩的交互式人机界面，激发学习者的学习兴趣，加深对课程内容的理解。

早期的数字图书馆研究主要集中在技术领域，包括数字图书馆的组建、内容和检索技术等。随着社会信息环境的变化和数字图书馆应用的发展，对于数字图书馆的研究不再局限于技术，它不仅仅是一个门户网站、一个组织或一个商业机构，它同时还是一个职能领域和职能机构，是整个社会中的一个重要的系统。从整个社会的角度来考察，数字图书馆的作用主要有以下几个方面。

（一）数字图书馆将图书馆的社会功能发挥到最大化

世界著名图书馆学家印度的阮冈纳赞提出了著名的图书馆五定律：书是为了用的；每个读者有其书；每本书有其读者；节约读者的时间；图书馆是一个生长着的有机体。随着社会信息化进程的加快，在数字图书馆系统中，“书”的概念可以延伸到指各种数字化的信息资源，一本书中的知识可以被多个读者阅读，大大增加了使用率。同时，数字图书馆的馆藏可以远大于传统图书馆，且不受时间和空间的限制。数字图书馆的用户范围也远远大于传统图书馆，查阅方式也更加方便，各种数字化信息资源利用的效率也得到了有益的提高；另一方面也节省了用户的时间，不必为找书而四处奔忙，还可以根据实际情况安排阅读时间。可见，数字图书馆在社会的信息资源交流和学习方面，发挥着关键性的作用。数字图书馆的发展是以现代网络和计算机技术的发展为前提的，而众所周知，网络和计算机的发展非常迅速，这将从基础支撑层面上直接推动数字图书馆的发展，所以数字图书馆也必然是一个快速生长的有机体，以其强大的优势将图书馆的各项社会作用予以充分发挥。

（二）将技术优势与图书馆相结合，促进隐性知识的共享

隐性知识是相对于显性知识而言的。显性知识指的是已经被解释、记录或编成文档的知识，是形成文献的、可以检索和复制的知识。而隐性知识是指未表达或难于表达的知识，是个人从多年工作中积累的专业知识和经验，有些可能永远也不会被记录下来。馆藏文献就是显性知识的载体，而人则是隐性知识的载体。数字图书馆主要的功能是提供数字化信息资源，传播的仍是显性知识，但数字图书馆的网络传播方式决定了用户可以共享在传统图书馆所不能共享的信息资源。在传统图书馆中，阅读是用户获得知识的唯一方式。而在数字图书馆中，阅读只是获取知识的途径之一，除此之外，他们还可以通过知识论坛、网上讲座、网上答疑等方式获取隐性知识。如果某位专家在某所大学的课堂上开讲座，能够听到并和他互动交流的只有坐在教室里的听众，能够彼此之间进行交流的也只有在同一教室的同学。但是如果专家通过网络课堂来讲授，效果就大不相同了。目前在线交流已经很普及，但大多还只局限于各类网站的普通交流。数字图书馆中除了阅读的交流方式外，通过随意的网上交谈、答疑等方式获取知识的功能将得到更加充分的开发和应用。这是因为，数字图书馆是以网络为载体的，应充分发挥网络的传播优势、促进隐性知识的共享，这是传统图书馆所无法发挥的作用，数字图书馆将最大限度地发挥这一优势。

（三）构建数字图书馆的教育平台，强化对用户的社会化功能

人是各种社会关系的总和。人的社会化过程就是指个体在和社会的互动过程中，逐渐形成独特的个性和人格，从生物人转变成社会人，并通过社会文化的内化和角色知识的学习，逐渐适应社会生活的过程。社会组织和个人可以参与促进和帮助完成这一过程，在互联网出现前，学校是最主要的社会化机构。随着互联网的出现，网络成为非常重要的人类社会化途径。数字图书馆是以网络为载体的，应发挥部分的网上社会化的作用。例如，青少年在上网人数中占有很大比例，而青少年阶段是一个人接受社会化的重要阶段，

因此不能忽略网络对青少年的影响，可以以一定的手段吸引青少年在上网的时候养成浏览数字图书馆的习惯。为此，可专为青少年开辟一个专栏，鼓励其畅所欲言、彼此交流，必要时还可建立数字图书馆辅导站，利用数字图书馆中的各种教育资源，包括图书和音像制品，对青少年进行正确的引导。

第二节 数字图书馆的主要技术

一、数字图书馆的构成

数字图书馆内部本身由局域网构成，一般是高速主干连接数台服务器及工作站，外部通过广域网服务器面向因特网。其构成包括如下几个部分。

（一）用户终端

数字图书馆的信息服务必须通过用户终端来提供，包括各种类型的个人计算机和工作站，可使用命令语言或窗口方式等进行操作，界面设计要方便灵活，便于使用。

（二）通信系统

网络和通信系统是数字图书馆的重要基础，它所涉及的网络不仅是一个单位或地区的局域网，而且涉及全国和全世界的网络和通信系统，数字图书馆只有在这种有力而完备的网络环境下，才能提供各种类型的网络电子信息服务。

（三）信息资源

即一定规模且在内容或主题上相对独立的数字化资源。大量的数字化资源是数字图书馆的物质基础，也是数字图书馆的物质保障，它不仅包括本馆自身拥有的文献与数字化资源，而且拥有网络上的巨大信息资源，这些信息资源具有明显的动态性。

（四）数据库管理与联机咨询服务系统

数字图书馆中的各种信息组织与存储都是由数据库管理系统来实现的，咨询服务系统提供用户查询所需要的资料。数据库管理与检索系统关系到整个数字图书馆的运作。

二、数字图书馆的主要技术

数字图书馆是现代信息技术的集大成者，所有的信息技术（Information

Technology，缩写为IT）都可以在数字图书馆中发现自己的影子。从某种程度上说，制约数字图书馆不断创新和发展的因素不是由图书馆系统本身所决定的，而是由信息技术的发展水平决定的。

（一）数据压缩与存储技术

数字图书馆中的信息媒体包括传统意义上的书刊、照片、地图、光盘、磁带、磁盘、录像带、录音带等，这些信息媒体经数字化后信息量非常大，需要大容量的存储装置。因此，信息存储技术对于数字图书馆的海量信息存储来说就至关重要。随着信息技术的进步，磁盘、磁带和光存储器等主要存储载体的存储密度和存储量都有了很大的提高。

无论信息存储介质的存储密度和存储容量是多少，它永远无法跟上全球信息增长的速度，所以人们在寻求高容量物理存储介质的同时，还希望借助于数据压缩技术，将海量信息进行压缩后存储，以减少对存储存量的压力。数据压缩技术就是排除信息冗余，在不降低原始信息质量和不破坏原始信息的情况下，减少信息所占的物理空间。

（二）信息检索技术

信息检索是重新获取信息，进行信息搜索、定位以及取得信息的过程，用户可以通过这一过程从大量的信息中获取所需要的相关信息。信息检索技术包含自然语言处理技术、文本信息检索、多媒体信息检索、基于内容的信息检索、Z39.50协议等。

传统的信息检索技术所接收的信息输入是用户输入的代表用户信息需求的查询词，而没有考虑到用户的个性化需求，不同的用户输入相同的查询词所反馈的结果是一样的。现代信息检索技术正逐渐向个性化检索方向发展，它可根据用户的上下文提供个性化的检索服务。

（三）信息安全技术

信息安全主要包含：保证只有合法的用户才能对信息进行访问和获取，保证只有合法用户才能进行授权操作，保证信息产品的版权在访问、传递等过程中不受到侵犯。因此，它涉及的技术有网络安全、信息加密、身份认证、数字水印与版权保护等。

（四）数据库技术

数字图书馆中庞大的数字化信息经过规范化处理后需要以数据库的形式

存储起来，但任何一种数据库都无法将如此庞大的信息量储存到一个单一的服务器中，且能保持良好的运行性能。因此，数字图书馆建设中势必要应用客户机/服务器结构的分布式数据库技术，以支持数字图书馆中联机查询数据库的需要。基于客户机服务器结构的分布式数据库管理系统是数字图书馆重要的应用系统。

（五）多媒体和超文本技术

多媒体技术（multimedia technology）是能综合处理多种媒体信息（文本、图形，图像、声音、视频等），使多种信息相互联系并有交互功能的信息处理技术。它具有集成性、交互性和数字化三个特点。多媒体技术在商业、教育与培训、电子出版、文艺影视制作、游戏娱乐等方面已得到了广泛应用。与电子出版领域关系极为密切的数字图书馆，一方面需要收集这些多媒体电子出版物，另一方面又需要应用多媒体技术改造原有的单媒体馆藏并为其地理位置分散的用户服务。涉及多方面技术内容的多媒体技术是数字图书馆得以实现的主要支撑技术之一，因为它密切结合了计算机、网络，通信、信息处理等众多领域。当前的数字图书馆试验中也不同程度地涉及多媒体技术内容，主要是建立多媒体数据库或多媒体联机信息检索系统。

用户在检索数字图书馆数据库时，需要强有力的导航工具以获取相关的多媒体电子文献，这就需要应用超文本技术。超文本技术可将数字图书馆的相关信息连接起来，使得用户可用直接、非线性方式查检到所需的相关信息，而无须按特定的顺序阅读，为用户提供较高的人机交互能力。用户可根据自己的兴趣与信息需要设定路径和速度，甚至修改内容或对内容加注解。

支撑数字图书馆所需要的技术很多，以上提到的这些技术只是数字图书馆建设中需要普遍应用的技术。它们彼此之间既自成体系又相互渗透、密切关联，而且在不同规模、不同用户需求的数字图书馆建设中有着侧重不同的应用。

第三节　数字图书馆的发展概况

一、国外数字图书馆的发展概况

美国是数字图书馆发展最早的国家之一，一直走在数字图书馆研究和建设的前列。1993年美国提出“国家信息基础结构”行动计划，继而又提出“全球信息基础设施”的倡议。1995年创刊的《数字图书馆杂志》，迄今已发表了大量的高水平的数字图书馆研究论文，成为数字图书馆领域的核心期刊，在数字图书馆的研究和建设中发挥了很大的作用。目前美国数字图书馆项目中的“美国NSF/DARPA/NASA数字图书馆倡议”已全部完成，该项目共6个子项目，涵盖大规模文献库、空间影像库、地理图像库、声像资源库，平均每个项目的投资金额为400万美元；“美国国家数字图书馆项目”于1999年完成，它包括美国历史及文化科技成就、有15个研究图书馆与档案馆参加。到2000年前，美国投入到数字图书馆研究中的经费已超过8亿美元。美国数字图书馆建设一直走在世界前列，对世界数字图书馆建设也起到了一定的示范带动作用。

除美国以外，英国、法国、日本在数字图书馆的研究和建设中都取得了相当的成绩，如法国国家图书馆的数字化工程中，其数字资源已达3 000GB以上，书目数据已达到830万条；在英国的“电子图书馆”计划中，其国家图书馆的数字图书馆已经完成了多个数字化项目，而且已经在因特网或馆域网上提供服务，基本发挥了数字图书馆的功能；日本也已进行了许多小规模的试验型数字图书馆项目，其中较有影响的包括国家联合目录880万条数据的网络试验。

二、我国数字图书馆的发展概况

我国的数字图书馆发展较晚。1996年，在北京召开的第62届国际图联大会上，数字图书馆的概念得以推广，并开始了数字图书馆的开发研究工作。

1998年7月，国家图书馆的“中国数字图书馆工程”报文化部批准立项。2000年4月，文化部在国家图书馆主持召开“中国数字图书馆工程第一次联席会议”，确立了“统筹规划、需求牵引、科技创新、滚动发展”的数字图书馆资源建设指导思想，以及“公益性为主、资源建设为核心、统一标准规范、开放建设与利益共享、开发与引进相结合”等建设原则。按照上述指导思想和原则，中国数字图书馆将建成中华文化史资料库、中华人民共和国国史资源库、中共党史资源库、中国国情资源库、中国教育资源库、中国图书馆馆藏珍品资源库等。2000年7月，中国数字图书馆有限责任公司正式宣布成立，由国家图书馆及其所属公司共同投资控股，标志着筹备几年的中国数字图书馆工程正式启动，进入了实质性操作阶段。

目前，中国的数字图书馆建设工作通过几年来的艰苦努力，已建成了具有较大规模和实用特色的数据资源群体。国家图书馆自1998年开始，开发了数字图书馆的试验系统，组建了文献资源数字化加工系统，目前已有大量的全文数据库和专题数据库在网上为用户提供服务。

除国家图书馆外，许多地方图书馆和高科技公司也加入到了数字图书馆建设这一事业中。“超星数字图书馆”、清华大学建成的具有中文全文检索功能的“中国高校学位论文联机服务系统”等就是很好的例子，利用后者，读者可在全国15所联网高校和因特网上进行信息查询。此外，许多图书馆还根据当地文献收藏的特点，建立了具有一定特色的资源数据库，如上海图书馆的家谱图书馆、安徽省图书馆的“安徽文献”、甘肃省图书馆馆藏西北地方文献、宁夏回族自治区图书馆的宁夏地方文献等。另外，随着我国图书馆自动化程度的日益提高，许多图书馆都根据自己的实际和建设能力建立了相应的电子阅览室，并在网上为读者提供一定层次的文献服务。

总之，我国数字图书馆建设经过多年的摸索，已经开展了一些卓有成就的研究项目，也取得了一定的成绩，因特网上已经初现中国数字图书馆的雏形。

第四节　数字图书馆环境下的知识产权保护问题

如何既保护好权利人的合法权益又兼顾社会公众的利益、处理好网络环境下数字作品的著作权保护问题，是法律界、信息服务界和信息资源界等各界人士普遍关注的问题，各界人士对数字作品的知识产权保护问题也做了大量的讨论和研究。根据我国的著作权法，处于以下情况的作品是没有版权问题的。一是超过著作权保护期的作品。我国著作权法第21条规定，公民的作品，其发表权、使用权和获得报酬权的保护期为作者终生及其死后50年，截止于作者死亡后第50年的12月31日。二是著作权保护地域以外的作品。著作权法是国内法，只在本国行效。因此，著作权的地域性决定了著作权法只保护本国领域内所有公民的作品。如果一国国民的作品要在他国受到保护，两国之间需签订双边保护条约，或者两国共同加入一个多边国际公约，否则其作品就得不到保护。我国是《伯尔尼公约》和《世界版权公约》这两个公约组织的成员国，有义务保护同属于这两个公约组织成员国公民的作品。三是不受著作权保护的作品。这类作品有两大类，一类是内容违反有关法律、法规的规定，被禁止出版和传播的；还有就是不具备独创性的作品。四是可以“合理使用”的作品。“合理使用”是指“在法律规定的条件下，不必征得著作权人同意，也不必向其支付报酬，基于正当目的而使用有著作权作品的合法行为”。我国著作权法规定了合理使用的12种情况，其中规定了“为介绍、评论某一作品或说明某一问题，可以在作品中适当引用他人已经发表的作品”。它是版权法中为平衡版权人的个体利益与信息自由的公共利益而创设的一种制度，协调了版权人与使用者之间的利益关系，体现了版权人与公共利益之间、版权垄断与信息分享之间的平衡点。这一规定为图书馆编辑某些专题数据库提供了法律依据。总之，世界各国都面临建立适应数字技术发展的知识产权制度的问题，我国也不例外。

一、数据库开发中的版权保护问题

数字图书馆建设必然会采用各种各样的数据库。数据库作为一种作品、作品片段、数据或其他资料汇集、整理并通过电子形式表达出来的信息实体，完全存在于自然语言环境下。创作者在计算机前对已经存在的作品应用一定的技术手段进行选择、修改、汇编而形成新的作品，其独创性主要表现在材料的选取或者编排上，过程中付出了智力劳动，因此构成了其作品的独创性，符合著作权法中辛勤收集的原则，所以可受到著作权法的保护。对于数据库知识产权的保护，世界各国都比较重视。欧盟各国在1996年通过的《欧盟数据库指令》中规定：凡在其内容的选择与编排方面，体现了作者自己的智力创作的数据库，均可据本指令获得版权保护。世界知识产权组织和世界贸易组织将数据库作为汇编作品，认为数据库如果符合独创性的标准可以受到与其他文学作品一样的保护。在我国，目前对数据库的法律保护尚无单独、具体的规定。一般来说，我国著作权法将那些汇集有著作权材料的数据库作为编辑作品加以保护，规定编辑作品内编辑人享有著作权，但行使著作权时，不得侵犯原作品的著作权。而对于那些以事实性信息或无著作权材料的汇集为特征的数据库，则主要采用反不正当竞争法保护，由汇编者享有著作权。今天我们在理解数据库的版权保护时，要从两个角度去领会，即首先是原作品的著作权不得侵犯；其次是数据库创作者对数据库整体享有著作权，未经许可复制或实施其他侵权行为，将可能构成双重侵权，既对数据库创作者构成侵权，又对数据库内的原作品构成侵权。因此，除进入公有领域的作品或失去著作权保护期的作品外，在使用原文时必须获得版权人的许可，同时，使用数据库的链接，也必须同数据库权利人签订某项合同协议，否则属于侵权。

二、网络传输中的版权保护问题

网络传输是数字图书馆服务用户的必备手段。将数字形式的作品上传到互联网上向公众传播究竟属于版权法意义上的哪种行为，目前有以下两种意见。一种观点认为属于发行行为，其根据是无论是联机用户从网上下载一项作品通过载体制造了比较稳定的复印件，还是仅仅进入用户计算机的随机存储器，都构成了作品的复制。伴随着这种作品复制，发行行为就产生了。另一种观点认为作品网络传播属于类似广播的公共传播行为。其理由是网络传输同有线传输没有本质的区别。关于网络传播究竟是发行还是公共传播，目前尚无定论，我国也无明确规定。比较一致的观点认为，将作品数字化后无偿提供给公众，只是作品载体形式和使用手段的变化，并没有产生新作品，作品的著作权人对其创作仍享有著作权。将著作权法各项权力的规定均延伸到数字化作品中，即著作权人享有将作品通过网络向公众传播、许可他人使用，并由此获得报酬的权力，如需传播其作品必须与著作权人签订许可协议，确定其使用对象、时间、地点、范围等。未经著作权人授权在网络上传播他人作品则是一种侵权行为。

三、网络资源共享中的版权保护问题

数字图书馆构建在互联网中，共享着网络资源，用户随时可以对这些资源进行浏览、下载或打印。对信息资源的存取十分频繁，这必然会涉及知识产权的保护问题，依出版商的观点，网络中的某些文献在电子环境下不被认可，他们强调某些收费的文献传递服务不受合理使用原则的保护，应禁止图书馆为商业公司提供资料，并对提供这类资料服务的图书馆施加各种限制，否则未经授权的数字化文献将毁灭版权作品的价值。另外，著作权人还担心对下载复制网络共享文献的无限性也会侵犯他们的专有权利，从而对作品的销售市场产生影响，因此他们强烈要求加强对网络文献的版权保护。目前，欧美国家立法正朝着有利于著作权人的方向发展。有关网络资源的保护法规目前尚无明确规定，我们认为网络资源的共享服务是在一定限制条件下进行的，并不是毫无原则的，而且复制件的最终使用者是用户，而非图书馆，因此不会造成文献无限制的传播，从而影响著作权人的经济利益。数字图书馆针对不同的用户提供不同的服务，出于个人学习以及科研的需要，应属合理使用，他人可以自由浏览和使用，除非著作权人声明不准使用。对于来自商业界的用户和出于商业目的的服务则应采取法定许可原则适当收费，支付相应的版税，给著作权人以相应的补偿。对于网络共享服务的责任问题，在网络资源共享服务中，不仅要重视终端用户方面的版权保护，而且要注意服务方的共同侵权责任。国际上已出现了在网络传输中其用户和经营者共同负有侵权责任的情况，这些都是应尽量避免的。另外，对于网络加密文献的解密，必须获得著作权人的授权，才能进行，未经许可，擅自解密或生产销售解密工具与设备的，属于侵权行为。

第五节　数字图书馆对馆员素质的新要求

一、读者对图书馆的信任是如何产生的

信是诚实不欺，信任是一种以诚实信用为基础的社会关系。信任与信用如影相随，一个人如果有信用则容易取得别人的信任。信用是社会生活的伦理准则，如果社会信用的某一环节受损或断裂，它所产生的不良示范及连锁效应就会对整个社会信用体系构成威胁，而使社会成员处于互不信任的不良氛围之中。有人根据不同的对象，把信任分为三种：对亲人的信任，对熟人的信任和对陌生人的信任。社会信任度是指对社会上大多数人特别是对陌生人的信任程度。相互信任能导致相互合作，信任度的下降使得人们之间的合作更为困难。在图书馆界，一些馆员“人在曹营心在汉”，“做一天和尚撞一天钟”，不愿意或不能够积极主动地为读者服务，甚至与读者争吵，结果导致读者对图书馆的信任产生危机，在不得已情况下才走进图书馆，使图书馆读者人数下降。这一点在公共图书馆表现得尤为明显。

从整个社会来讲，提高社会信任度需要健全的法律规范、切实可行的道

德规范、合理实施规范的方式。具体到图书馆，从读者对图书馆的信任来说，它产生的条件主要包括以下4个方面。

• 馆藏文献。馆藏文献（包括图书、期刊、光盘、录像带、胶片等）基本上能满足读者需求，拒借率低，新到文献能及时与读者见面，且读者可以向图书馆推荐新文献。文献摆藏位置合理，返回的文献能及时上架，大众喜欢的文献有一定的复本数。

• 环境。图书馆内干净整洁，光线充足，有一定的字画、花草等作点缀。保证读者基本上都能找到桌椅，家具舒适、实用，读者自学区安静，各种指示标识明显、易懂，有一定的公共设施，如厕所、磁卡电话等。总之，读者走进图书馆，就能舒心、悦目，流连忘返。

• 时间。有足够的开放时间，特别是公共图书馆要保证社区居民在业余时间能享受图书馆。读者从提出服务到得到该文献，手续简单、所需时间能预知，且图书馆有一定的限定。图书馆规定的文献外借时间要保证读者能把所借文献看完，且续借方便。

• 设备。图书馆配有足够的正常运作的电脑、复印机、打印机、自动操作机器等，读者使用起来方便、快捷。有停车场、存包处及换币地点等。有专为残疾人配备的特殊设施。以上馆藏文献、环境、时间、设备等为图书馆留住读者、赢得读者信任提供了一定的条件，但仅有这些条件还远远不够。以上条件都是外在的、硬性的，或者说是一个图书馆吸引读者的硬件。硬件必须有软件去支持、去设施，而这个软件就是馆员。人是最根本的，馆员素质决定着读者对图书馆的信任度，是赢得读者的关键。以上四项因素加上高素质的馆员就能最终形成读者对图书馆的充分信任。

二、数字图书馆时代所要求的馆员素质

数字图书馆是数字化、信息化的结果，是因特网的必然产物，是21世纪图书馆的发展方向。目前，数字化成分在各馆已或多或少地存在，且比例在迅速不断地上升。数字图书馆对馆员来说既是机会，又是挑战，它对馆员提出了许多新的要求。

（1）高尚的职业道德。馆员要处处为读者着想，视读者为上帝，勇于奉献，团结合作。除此之外，数字图书馆环境下，知识产权问题、用户隐私问

题、信息保密、信息污染、信息垃圾问题等都是馆员日常工作中需要面对的。因此，馆员要具有较强的知识产权意识，确保用户既能最大限度地利用馆藏信息，又不违反有关法律。保护用户隐私、保护商业秘密，做到所提供的信息客观、公开、合理、合法。不制作和传播不良信息和垃圾信息。

（2）馆员能充当网络信息组织者与网络信息开发利用者。随着数字图书馆的逐步深入，传统意义上的采访、分类、编目以及只停留在借书、还书上的读者服务等工作将逐渐萎缩，取而代之的是对数字信息的组织管理及开发利用。通过馆员这个“交通警察”或“清洁工”的整序、加工、提炼等，使“高速公路”上的信息得到合理、快速、安全的流动，使用户能更好地开发和利用网络信息。也就是说数字图书馆环境下，馆员的作用不是削弱而是增强，读者对馆员的要求不是降低而是更高了，馆员将是读者的“信息导航员”。

（3）图书馆员要有强烈的危机感和紧迫感。一方面，数字图书馆是高新技术产物，它要求馆员必须拥有对网络信息资源的收集、存贮、加工、控制、利用等能力，而这些都是他们以前在书本和实际工作中很少接触过的。另一方面，从外部环境来说，网络环境下，与信息资源相关的各类信息机构、网络开发商也应运而生，它们凭借其灵活、快捷的经营方式，高素质的人才，以及周到的服务，给图书馆带来很大的冲击，使图书馆员面临巨大的挑战。因此，图书馆员应与时俱进、敢于迎接挑战。

三、如何提高读者对馆员的信任度

首先，“读者第一”是馆员永远不变的宗旨。为用户服务是图书馆一切工作的出发点和归宿，是馆员存在的基础。没有读者，馆员就失去了其存在的价值。只有读者接受了图书馆，需要服务时能想到图书馆，图书馆才能在社会中立足与发展，才能达到社会效益与经济效益的双丰收，才能走可持续发展道路。无论是传统图书馆环境还是数字图书馆环境，馆员在接待读者时都应友好、易接近、使用规范用语，对读者提出的问题给予准确的回答，并及时了解读者的需求；若本馆不能满足，则应指导读者何处可以查找所需文献，并帮助读者利用馆际互借服务和非馆藏文献。指导读者使用图书馆，鼓励读者需要时再回来。

其次，树立终生教育观念，不断提高自身素质。高质量的读者服务来自于高素质的馆员，而馆员的高素质则是在实践中不断地学习与积累、始终重视自我发展而获得的。馆员在实现图书馆的信息存储地功能、交换地功能、生产地功能时都要担任主角，他们的信息经纪人角色、信息馆员角色要得到真正发挥，就必须既懂图书馆学专业知识，又精通外语、计算机、通讯和网络技术；既有敏锐的信息认知能力又有创新能力。因此，馆员要想赢得读者的信任，就必须紧跟时代步伐，不断地学习与更新自己的知识，树立终生教育观念。

再次，开展特色化服务，树立品牌意识。面对越来越严峻的外部环境，图书馆人要想生存和发展，就必须以开放的心态投入到社会大环境中去，积极参与和各类信息机构的竞争，加强与它们的合作，以达到互惠互利、共同进步。而竞争就要有自己的优势，有自己的特色，有自己的拳头产品。因此，馆员在服务读者时，要注重在"特色"上下工夫，同时因地制宜地采取不同的服务方式，做到人有我有、人无我也有，以寻求更多的读者。

最后，以读者需求为导向，缩短与读者之间的距离。采用读者座谈会、书面或口头调查等方法，进一步了解读者要求、细分读者群、与读者交朋友、依读者需要及兴趣提供资料和服务，以营造一种积极向上、轻松和谐的氛围。特别是在数字图书馆环境下，读者可以通过电脑、电话或电视等媒介来查阅馆藏文献，也就是说读者可以不到图书馆就能享受图书馆，这就要求馆员不受馆藏地点和上下班时间的限制，随时随地为读者提供高效、快捷、满意的服务。

第六节　对于古籍数字化的思考

随着信息传播手段的快速发展，传统的纸质文献受到了巨大的挑战，数字化文献已经显露出它在信息传播和利用上的极大优势。同样，作为我国传统文化最主要传播形式的古籍，其数字化也在不断地升温，越来越受到学术界和相关部门的重视。数字化古籍以其信息量大、检索快捷方便、不受时空限制等传统纸质出版物无法替代的优势，使古籍使用者的使用效率大大提高。古籍数字化也使诸多难见天日的"镇馆之宝"得以重生，以难以想象的速度被迅速传播。因此，许多古籍收藏单位都在积极地加工、处理自己的珍品，使之以数字化的形式供读者使用。古籍数字化是古籍整理的未来方向，是大势所趋，是时代向古籍整理工作提出的新要求。

一、全盘考虑，合理规划

古籍数字化是指采用现代化技术，对古籍文献进行加工处理，制成古籍文献书目数据库和古籍全文数据库，用以揭示古籍文献中所蕴涵的极其丰富的信息资源，为更好地开发和利用古籍奠定良好的基础。它是一项系统工程，应该充分考虑、合理规划。首先，项目开发者要根据”用户第一”的原则，充分进行市场调研，对自身开发能力和发展目标合理定位，选择适合自己的选题，以保证开发的项目与用户（尤其是专业研究者）的实际需求相吻合。选题的好坏直接关系到产品的质量，单纯依赖开发者自己的想象，或者依赖资源拥有者的提倡，或者依赖部分学者的建议，甚至依赖权威的一两句断言，都是不合适的。选题确定后，根据选题进行可开发内容的信息搜集，包括责任者信息、版本信息（版本的类型、年代、版式、字体、刊刻地点、刻工姓名）、文献价值、现有各种相关专题资料等都是必须搜集的对象，它们对于开发出的产品质量起着决定性的作用。之后，对数字化目标进行采样、技术处理、测试、修改、完善，直到发布用户使用情况反馈等。总之，我们在对古籍进行数字化时，必须全面借鉴现有的研究成果，借鉴已经问世的古籍数字化产品，特别是一些大型的有影响的产品的成功经验（如北京大学的《中国基本古籍库》等），力争使纸本文献珍品通过加工变成数字化文献精品。

二、以古籍专家为主导

古籍数字化项目确定后，由谁占主导地位来组织实施，是古籍数字化工作必须思考的问题，也是容易引起人们误解的问题。有人认为古籍数字化就是将古籍通过扫描或其他方式搬进电脑，再通过技术处理将其输出，供人们在计算机上阅读。这种看法是片面的，对于以文字为主的中国古籍来说，它的数字化绝不是纸质版本的翻版和简单的文献载体的转换，而是一部融入学术研究成果的作品。扫描是必要的，但扫描在很多情况下只是数字化的预处理。有实践表明，扫描只占数字化工程的2%，大量的工作还是其标引与发布。古籍数字化的目的就是更大范围、更便捷、更有效地使这些文献为人们所利用，为学术研究提供服务。它属于古籍整理和学术研究的范畴，涉及版本、标点、校雠等一系列学问，承担着“辨章学术、考镜源流”的学术任务。整理一部古籍，既要选择合适的底本，又要广校众本；既要精心标点，一一校勘，又要广徵群籍、拾遗补阙，界定其学术地位和学术价值。因此，古籍数字化必须以相关领域的学者，即内容专家为主导，决定数字化的内容、标引的深度、相关检索工具的配置等，并非任何人都能做的。技术是形式，数字化内容是核心，内容决定形式，形式服务于内容。只有熟悉古籍内涵、懂得古籍整理，才有能力决定古籍数字化的基本思路和基本框架。

三、充分考虑数字化产品的研究支持功能

较之其他中文文献，古籍数字化是一切文献数字化的特例，其标引和规范控制更为复杂，对技术要求更为严格。随着计算机技术的发展、大量古籍数字化产品的实践，以前古籍数字化中面临的问题，如汉字字符集、OCR识别及全文检索等现在已被解决，像国内有代表性的大型古籍数字化产品《四库全书》、《四部丛刊》等做得都比较好，已能基本满足用户的需求。现在的问题是如何对古籍数字化产品进行深入的标引和严格规范的控制，强化其检索功能，以解决古籍研究中遇到的各类问题，充分实现“知识发现”。古籍是为学术研究提供服务的，数字化古籍是纸本古籍的更高级形式，它突破了文献的物理形态，深入到它所包含的信息单元，并将这些信息单元进行分合与重组，以向读者提供针对性更强、内容更丰富的服务。因此，我们在做古籍数字化时，应充分考虑其研究支持能力，如相关研究成果的链接、版本的自动校对、自动断句、自动标点、自动翻译、异体字的显示、生僻字读音的自动标注，以及字典词典、中西历对照表、人名大辞典、地名大辞典等各种知识库和辅助工具库的配备，以达到使古籍内容的数字化与多种有效的检索、处理工具完美结合的目的。这样，用户在使用我们的产品时，就能感受到我们奉献给他们的不仅仅是知识宝库，更是卓有成效的研究手段。有了这些研究支持功能，他们使用起来就会得心应手，就会多出成果、快出成果。

四、地方文献是古籍数字化的主要内容（以安徽省图书馆为例）

（一）突出自身的特色

目前古籍数字化产品种类繁多、质量越来越好，但重复现象严重。就笔者所知，仅《四库全书》一种，就有上海人民出版社与香港迪志文化发展公司联合开发的电子版、武汉大学出版社的电子版、湖南电子音像出版社的电子版等，这是人力、财力和物力的极大浪费。古籍数字化产品的对象毕竟有

限，其市场范围狭小，与其大家都争着搞一种，不如规避重复、突出特色、体现原创。这样做出来的产品才会更有市场前景，更有生命力。

（二）丰富的地方特藏

安徽省图书馆典藏丰富，古籍特藏尤为全馆藏品精华所在，40万册古籍中，安徽地方文献的收藏占有很大的比重。特别是对于在中国传统文化中占有重要地位的新安理学、新安医学、徽商文化、桐城派以及地方志、家谱等的收藏基本形成体系，是解放前安徽地方文献收藏最主要的单位，古老而又深厚的安徽文化底蕴在这里得以充分体现。根据馆藏情况，我可以构建出一个数字化“安徽文献”框架（如图6-1所示）。这一构架浓缩了馆藏地方文献的精华，也在一定程度上代表了安徽深厚的文化底蕴。它充分体现了馆藏特色，是我馆的“镇馆之宝”，令诸多海内外学者不远千里，慕名而来。例如，随着徽学研究的日渐升温与日趋深入，大量徽州原始史料备受学者们的青睐；又如，随着国家文化政策的宽松、《中国家谱总目》的编纂，民间修谱热潮兴起，他们需要查阅大量家谱，特别是本族谱的资料来为修谱服务。另外，家谱中蕴涵的大量人口学、社会学等史料也深受专家学者们的偏爱。加之该馆家谱地域性强、质量高，近年来其调阅量直线上升。

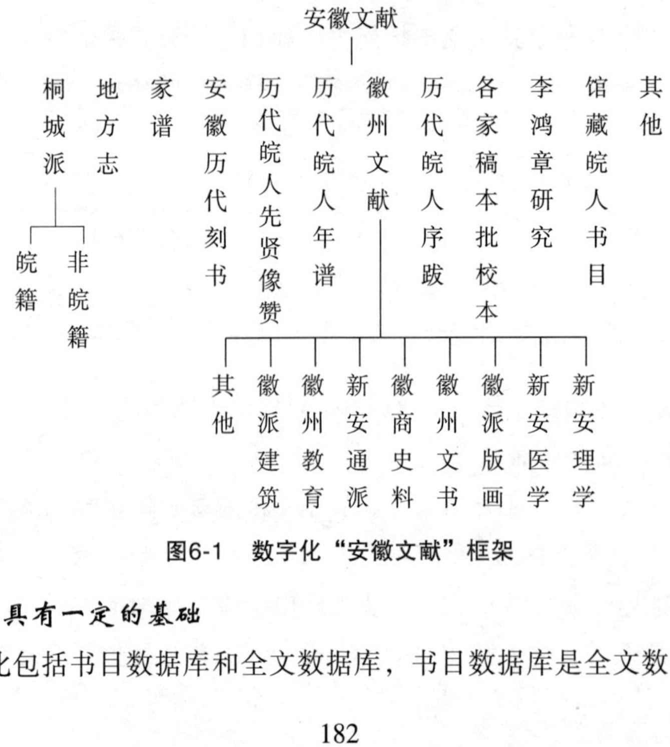

图6-1　数字化“安徽文献”框架

（三）具有一定的基础

数字化包括书目数据库和全文数据库，书目数据库是全文数据库的前提和基础。实际上，同其他省级公共馆一样，该馆的古籍数字化工作几年以前就已经开始。经过几年的积累，目前已拥有馆藏古籍书目数据库近10万条，包括馆藏善本、皖人书目、地方志、家谱等专题数据库，可以说馆藏古籍书目数据库已基本建成，经过筛选、加工和完善，就能根据需要把馆藏提炼出来。在此基础上，根据该馆的实际情况，从读者需求量大、要求最迫切的文献开始入手，逐步延伸，就会形成独具特色的安徽省图书馆馆藏古籍数字化产品。

（四）具体操作

这一框架，既互相独立，又互相交叉、互相渗透，如“徽州文献”、“地方志”和“家谱”三个主题的资料就有相同的地方。具体操作中，可以选择以某一节点为主，向其他节点延伸。比如做“徽州文献”主题，除其本身的支节点之外，还向“地方志”和“家谱”等节点延伸，形成链接，再加上各种研究支持功能的配备，就能成为一个系统的“徽州文献”主题产品。这样，读者需要查阅徽州文献时，可以顺着“徽州文献”这一脉络，触类旁通，一直顺延下去。也可以从“家谱”主题入手，该主题中没有的话还可以链接到“徽州文献”，直到找到所需资料。按照这一框架去实现该馆古籍文献的数字化，既能使古籍数字化开发具有延续性和持续性，又能使我们提供的服务更有针对性，从而大大地推进广大研究安徽的学者们的研究速度，为更好地研究安徽、挖掘安徽、宣传安徽提供一个更好的平台。

（五）从文献保护的角度来看

多年的风化，频繁的调阅，使得一些古籍的破损程度，越来越严重，虽然经过修补可以延长其使用寿命，但不能从根本上解决问题。特别是本馆所藏的这些安徽地方文献（如一些徽州家谱），调阅频率高，这方面的问题尤其明显，有时只得谢绝调阅。数字化过程中，可能对原文献有些伤害，但从长远来看，它还是对文献起保护作用的。文献数字化以后，一般就不提供原件，读者通过电子版来查看所需资料，可以避免因直接接触古籍而造成对其损坏。另外，再加强对纸质文献的保护力度。这样双管齐下，原文献的寿命就会大大地延长。

参考文献

1 谢灼华. 中国图书和 图书馆史. 武汉：武汉大学出版社，1987

2 周庆平，朱开忠，武巍泓. 图书馆工作概论. 合肥：安徽科学技术出版社，2007

3 董慧. 本体与数字图书馆. 武汉：武汉大学出版社，2008

4 张晓林. 数字图书馆理论、方法与技术. 北京：北京图书馆出版社，2007

5 张广钦编著. 信息管理教程. 北京：北京大学出版社，2005

6 吴慰慈，张久珍编著. 当代图书馆学情报学前沿探寻. 北京：北京图书馆出版社，2001

7 宋海龙，牛宝德等. 信息科学院——撬动数字地球的支点. 北京：军事科学出版社，2003

8 胡心智，陈雷等. 信息哲学——E时代的感悟. 北京：军事科学出版社，2003

9 肖明. 信息资源管理. 北京：电子工业出版社，2002

10 张伟. 简明图书馆管理教程. 北京：北京大学信息管理系，2001

11 潘寅生. 图书馆管理工作. 北京：北京图书馆出版社，2001

12 岳剑波. 信息管理基础. 北京：清华大学出版社，1999

13 杜克. 文献信息开发工作. 北京：北京图书馆出版社，2001

14 陈能华. 图书馆信息化建设. 北京：高等教育出版社，2004

15 吴慰慈. 图书馆学基础. 北京：高等教育出版社，2004

16 程焕文. 信息资源共享. 北京：高等教育出版社，2004

17 吴建中. 21世纪图书馆新论. 上海：上海科学技术文献出版社，1998

18 刘荣. 图书馆信息服务与管理. 北京：北京图书馆出版社，2002

19 吴建中. 战略思考：图书馆管理的10个热门话题. 上海：上海科学技术文献出版社，2005

20 桑良至. 知识信息服务管理. 合肥：安徽大学出版社，2006

21 于良芝. 图书馆学导论. 北京：科学出版社，2003

22 吴慰慈，董焱. 图书馆学概论. 北京：北京图书馆出版社，2002

23 王超湘．现代图书馆与信息资源共建共享导论．北京：北京燕山出版社，2004
24 刘传标．复合型图书馆的建设．北京：北京图书馆出版社，2005
25 龚永年．21世纪图书馆的发展与变革．福州：海峡文艺出版社，2008
26 吴慰慈，张久珍．当代图书馆学情报学前沿探索．北京：北京图书馆出版社，2002
27 吴慰慈，刘兹恒．图书馆藏书．北京：书目文献出版社，1991
28 刘迅等．图书馆管理工作指南．沈阳：东北工学院出版社，1993
29 武德运．图书馆学情报学概要．北京：科学技术文献出版社，1993
30 徐引篪，霍国庆．现代图书馆学理论．北京：北京图书馆出版社，1999
31 宓浩．图书馆学原理．上海：华东师范大学出版社．1998
32 曹之．中国古籍版本学．武昌：武汉大学出版社，1992
33 赵燕群．连续出版物工作．北京：北京图书馆出版社，2001
34 常书智．文献资源建设工作．北京：北京图书馆出版社，2000
35 王学熙．图书馆业务研究与业务辅导．北京：北京图书馆出版社，2000
36 王世伟．图书馆古籍整理工作．北京：北京图书馆出版社，2000
37 程亚男．图书馆工作概论．北京：北京图书馆出版社，2000
38 万亚．刍议图书馆转型的内驱力．图书馆理论与实践，2002（6）
39 梁丽华．正确处理图书馆转型期的几种关系．科技情报开发与经济，2003（10）
40 黄俊贵，林汉城．公共图书馆转型与定位的探索．中国图书馆学报，2002（5）
41 俞芙蓉．传统图书馆转型的思考．图书馆论坛，2001（3）
42 黄宗忠．论图书馆转型期及其任务——走向图书馆新时代（上）．江西图书馆学刊，2003（3）
43 黄宗忠．论图书馆转型期及其任务——走向图书馆新时代（下）．江西图书馆学刊，2003（4）
44 刘兹恒．论社区图书馆的功能、模式及管理机制．中国图书馆学报，2002（5）
45 中国图书馆学会．基层图书馆馆长培训参考资料．2006-10-5

46 杨晓农．社会转型期图书馆转型问题研究述评．新世纪图书馆，2009（2）
47 吴涛．论中国图书馆制度转型的现实思路．情报资料工作，2005（4）
48 杨晓农．社会转型与中国图书馆学的历史走向．情报资料工作，2009（2）
49 王梅．图书馆转型的机理探讨．图书情报知识，1998（1）
50 周佳宁，刘宇．社会转型视角下的我国图书馆转型研究．图书情报工作，2010（2）
51 吴徐年．中国近代社会思潮对近代图书馆的孕育．图书情报工作，2005（2）
52 徐凌志，卓腮娇．中国古代藏书楼向近代图书馆转型的原因探析．江西社会科学，2006（9）
53 张德芳，钟昌式．近代图书馆的终结和现代图书馆的崛起．中国图书馆学报，1997（4）
54 蔡彦．从藏书楼向近代图书馆的嬗变——宁波、绍兴图书馆建立探微．科技文献信息管理，2007（3）
55 荆孝敏．新文化运动与我国近代图书馆事业的发展．图书馆学刊，1989（6）
56 左玉河．从藏书楼到图书馆：中国近代图书馆制度之建立．史林，2007（4）
57 卿玉韬，王黎，朱俊波．简析中国近代图书馆的产生和发展．图书馆，2009（4）
58 李国新．中国古籍资源数字化的进展与任务．大学图书馆学报，2002（7）
59 陈力．中国古籍数字化的现状与展望（下）．古籍整理出版情况简报，2004（5）
60 潘德利．中国古籍数字化进程和展望．图书情报工作，2002（7）
61 张艳红．关于古籍文献数字化的几个问题．图书情报工作，2003（1）
62 李为实．关于古籍数字化的思考．四川图书馆学报，2002（3）
63 黄亦红．公共图书馆转型时期借阅流通工作初探．科学管理研究，2006（5）

64 靳艳华，李海清．图书馆转型时期流通部工作探析．医学情报工作，2004（2）
65 曾鹰，宋五一．试论纸质文献在传统图书馆转型中的传承与延续．四川图书馆学报，2006（5）
66 赵俊．图书馆转型时期期刊信息的开发策略．情报科学，2000（5）
67 朱开忠．公共图书馆讲座工作个案分析——以安徽馆家谱讲座为例．图书馆建设，2005（5）
68 朱开忠．对于古籍数字化的思考．数字与缩微影像，2005（3）
69 朱开忠．数字图书馆时代图书馆员的社会角色．现代情报，2001（5）

《图书馆转型研究》
编读互动信息卡

亲爱的读者：

感谢您购买本书。请您详细填写本卡并邮寄或传真给我们（复印有效），以便我们能够为您提供更多的最新图书信息，并可在您向我们邮购图书时获得免付图书邮寄费的优惠。

您获得本书的途径

○书店（　　　省/区　　　市　　　县　　　书店）
○商场（　　　省/区　　　市　　　县　　　商场）
○网站（网址是　　　）
○邮购（我是向　　　邮购的）
○其他（请注明方式：　　　）

哪些因素促使您购买本书（可多选）

○本书摆放在书店显著位置　○封面推荐　○书名
○作者及出版社　○封面设计及版式　○媒体书评
○前言　○内容　○价格
○其他（　　　）

您最近三个月购买的其他经济管理类图书有

1.《　　　》　2.《　　　》
3.《　　　》　4.《　　　》

请附阁下资料，便于我们向您提供图书信息

姓名　　　出生年月　　　文化程度
单位　　　职　　务　　　联系电话
地址
邮编　　　电子邮箱

地　　址：北京市崇文区龙潭路甲3号翔龙大厦B06室
北京普华文化发展有限公司
邮　　编：100061
传　　真：（010）67120121
读者热线：（010）67129879　67133495转201
网　　址：http://www.puhuabook.com.cn
邮购电话：（010）67129872转818
编辑信箱：wangnannan@puhuabook.com